大学英语学习与教学的多元探讨

彭晓雪◎著

中国国际广播出版社

图书在版编目（CIP）数据

大学英语学习与教学的多元探讨 / 彭晓雪著.
北京：中国国际广播出版社，2024.9. --ISBN 978-7-5078-5673-6

Ⅰ. H319.3

中国国家版本馆 CIP 数据核字第 2024T1Q137 号

大学英语学习与教学的多元探讨

著　　者	彭晓雪
责任编辑	张晓梅
校　　对	张　娜
封面设计	万典文化

出版发行	中国国际广播出版社有限公司
电　　话	010-86093580　010-86093583
地　　址	北京市丰台区榴乡路 88 号石榴中心 2 号楼 1701
邮　　编	100079
印　　刷	唐山唐文印刷有限公司

开　　本	787 毫米×1092 毫米　1/16
字　　数	200 千字
印　　张	12.5
版　　次	2024 年 9 月第 1 版
印　　次	2024 年 9 月第 1 次印刷
定　　价	78.00 元

（版权所有　翻印必究）

PREFACE 前　言

　　大学英语学习与教学在全球化背景下显得尤为重要，如何在教学中融入多元化的元素，提升学生的综合素质，是当前教育界亟待解决的问题。传统的"填鸭式"教学已不再适应现代教育的需求，取而代之的是互动式、讨论式、项目式等多种方式结合的教学模式。小组讨论、角色扮演、模拟场景等教学方式，不仅可以提高学生的英语表达能力，还能激发他们的学习兴趣和主动性。此外，信息技术的应用也为大学英语教学带来了新的契机。利用互联网和多媒体技术，教师可以为学生提供丰富的学习资源和多样化的学习体验。

　　英语不仅是一门语言，还是了解西方文化、思想和价值观的重要工具。在教学过程中，教师应注重文化背景的介绍，通过比较中西文化差异，帮助学生加深对英语语言的理解和运用。同时，开展文化交流活动，如外国文化节、英语角、国际学生交流项目等，可以为学生提供真实的语言环境，增强他们的跨文化交际能力。这不仅有助于提高学生的语言水平，更能开阔他们的国际视野，培养全球化视野下的人才。

　　本书旨在系统探讨大学英语学习与教学的现状、挑战及未来的发展方向。随着全球化和信息化的深入发展，英语作为国际通用语言的重要性愈发凸显，对大学英语教学提出了更高的要求。本书通过对大学英语学习的历史与发展、当前面临的主要挑战及大学生英语水平现状的深入分析，揭示了英语学习中的常见问题及其解决对策。本书的目的是帮助英语教师、教育管理者及研究人员更好地理解和应对大学英语教学中的各种挑战，促进英语教学的改革与创新，提高教学效果与质量。本书不仅适用于一线教师和教育研究者，也是教育政策制定者和教育管理者的重要参考书。

　　笔者在写作本书的过程中借鉴了许多前辈的研究成果，在此表示衷心的感谢。由于本书需要探究的层面比较深，对一些相关问题的研究可能不透彻，加上写作时间仓促，书中难免存在疏漏之处，恳请前辈、同行及广大读者斧正。

CONTENTS 目 录

第一章　大学英语学习与教学概述 …………………………………… 1
　第一节　大学英语学习与教学的历史与发展 ………………………… 1
　第二节　当前大学英语学习与教学面临的主要挑战 ………………… 5
　第三节　大学生英语水平现状分析 …………………………………… 8
　第四节　大学英语学习中的常见问题及解决方法 …………………… 10
　第五节　大学生英语自主学习能力的培养 …………………………… 14

第二章　大学英语教学的具体内容 …………………………………… 31
　第一节　大学英语基础知识教学 ……………………………………… 31
　第二节　大学英语基本技能教学 ……………………………………… 40
　第三节　大学英语文化教学 …………………………………………… 53

第三章　大学英语教学理念与理论基础 ……………………………… 70
　第一节　建构主义下的课程设计理念 ………………………………… 70
　第二节　大学英语教学模式的实践与理论 …………………………… 78
　第三节　教学系统设计的理论与方法 ………………………………… 85

第四章　多元文化背景下大学英语课程的开发 ……………………… 94
　第一节　我国多元文化课程的目标 …………………………………… 94
　第二节　多元文化社会中的英语教师角色 …………………………… 97
　第三节　多元文化视野下课程的价值选择 …………………………… 102
　第四节　多元文化背景下英语课程的开发 …………………………… 106

第五章　大学英语教学多元化模式构建 ……………………………… 122
　第一节　个性化大学英语教学模式的构建 …………………………… 122
　第二节　大学英语网络教学模式构建 ………………………………… 125
　第三节　大学英语立体化教学模式构建 ……………………………… 134

第六章 多元文化背景下大学英语教学探索 …… **141**
第一节 多元文化背景下高校英语教学研究 …… **141**
第二节 大学英语教学中跨文化教育的内容 …… **153**
第三节 跨文化交际背景下的大学英语教学研究 …… **161**

第七章 多元教学理论下大学英语教学改革 …… **174**
第一节 新课改背景下大学英语教学改革 …… **174**
第二节 多模态教学模式下大学英语教学改革 …… **179**
第三节 课程思政视域下大学英语教学改革 …… **183**
第四节 教育生态学视角下大学英语教学改革 …… **187**

参考文献 …… **192**

第一章　大学英语学习与教学概述

第一节　大学英语学习与教学的历史与发展

一、大学英语学习与教学的历史

大学英语学习的历史可以追溯到19世纪末20世纪初，随着全球化进程的加速和英语作为国际交流的主要语言地位的确立，英语作为第二语言的学习在大学教育中逐渐占据重要位置。在19世纪末，英语作为一门外语在欧洲和美国的大学中开始出现。最初，大学的英语课程主要注重文学和语法，培养学生阅读、写作和理解文学作品的能力。随着时间的推移，英语教育逐渐扩展到口语交流、听力理解和实际应用等更广泛的领域。

20世纪初，随着英语在科学、技术、商业和国际外交中的地位日益增强，大学英语教育进入了现代阶段。在许多国家，大学英语课程逐渐成为高等教育的一部分，课程不仅强调语法和文学，还包括提升英语为第二语言（ESL）或英语为外语（EFL）学生的实际沟通技能和文化交流能力。

20世纪后半叶，随着全球化的加深，大学英语教育更加注重学生在国际舞台上的交流能力和跨文化理解。许多大学开设了专门的国际英语课程，帮助学生为应对全球化挑战和机遇做准备。今天，大学英语教育已经成为几乎所有国家和地区高等教育体系中的重要组成部分，不仅为学生提供语言技能，还为他们的职业发展和全球视野奠定基础。

二、大学英语学习与教学的发展

随着全球化进程的加快，跨文化交际能力成为现代社会的重要技能。大学英语教学不仅要提高学生的语言能力，还要培养他们的跨文化意识和交际能力。许多高校在英语课程中增加了跨文化交际的内容，通过案例分析、模拟交流等方式让学生了解不同文化的背景和差异。通过留学项目、交换生项目及国际合作办学，学生有更多机会接触不同文化，提高跨文化交际能力。引进外籍教师授课，不仅可以提高学生的英语口语水平，还能让他们直接体验不同的文化视角。

家国情怀是中国教育的重要组成部分，体现在培养学生的民族自豪感和社会责任感上。英语学习也需要与学生家国情怀的培养紧密结合。在英语教材中要融入中国历史、文化和现代化建设的内容，增强学生的民族认同感。组织与家国情怀相关的主题演讲、辩论赛和征文比赛，用英语表达对国家和民族的热爱。鼓励学生参与社会服务和志愿者活动，了解国情，增强社会责任感。讲好中国故事是提升国家软实力的重要手段。大学生作为未来的社会中坚力量，具备用英语讲述中国故事的能力至关重要。在英语写作课程中，鼓励学生撰写与中国文化、经济发展等相关的文章，提高用英语表达中国故事的能力。举办"讲好中国故事"英语演讲比赛，通过比赛激发学生的创作热情和表达能力。与国际媒体合作，选拔优秀学生用英语创作内容，通过新媒体平台向世界传播中国故事。

（一）学习技能的提升

在大学英语学习的发展过程中，课程内容经历了显著的演变，从初期的侧重于语法和文学，逐步扩展到包括听力、口语和实际交流技能，以更好地适应学生在现实生活和职业中的需求。初期的大学英语课程主要注重学生对语法规则和文学作品的理解和掌握。语法作为语言结构的基础，被视为学习英语的重要组成部分。通过学习语法，学生能够掌握正确的语言表达方式，提高语言的准确性和清晰度。同时，对文学作品的阅读和分析能培养学生的文学鉴赏能力，拓宽他们的文化视野和思维深度。现代英语课程更加重视听力和口语训练，设置专门的听力课程和口语课，鼓励学生在课堂上进行对话、讨论和演讲；利用多媒体资源，如英语新闻、电影和电视剧，帮助学生在真实语境中练习听力和口语，提高实际交流能力。除文学作品，课程还引入各类实用性较强的阅读材料，如新闻报道、科技文章和商业文献，扩大阅读范围，培养学生获取和处理信息的能力；教授学生快速阅读、扫描和略读等策略，提高阅读效率和理解能力；注重各类写作技能的培养，从基础的句子结构到复杂的论文写作，通过多种写作练习提升学生的写作水平；通过同伴评审和教师反馈，帮助学生不断修改和完善写作，提高表达能力和逻辑思维；设置专门的翻译课程，训练学生中英双向翻译的能力；通过实际翻译练习，学生不仅提高语言转换能力，还增强对两种文化的理解。学生学习翻译理论和技巧，理解不同类型文本的翻译方法，提升专业翻译能力。这种实践性的训练不仅提升了学生的语言应用能力，还增强了他们的自信心和应对复杂情境的能力。除了语言技能的训练，大学英语课程还越来越注重跨文化意识和国际视野的培养。学生通过学习不同国家和地区的文化背景、社会习俗等，拓展了对世界多样性的理解和尊重，提升了他们的国际竞争力和全球视野。

（二）多样化的课程设置和丰富的学习资源

传统的面对面课堂教学依然是大学英语教育的重要组成部分。在课堂上，教师通过讲授、讨论、互动等方式，帮助学生掌握语法知识、文学作品的分析和理解等基础内容。课堂教学不仅促进了师生之间的直接交流，还能够实时纠正学生的语言错误，提高学习效率和质量。随着技术的进步和教育理念的演变，现代大学英语课程引入了多种新的教学形式和学习资源。其中，在线课程成为一种重要的学习方式。在线课程通过互联网平台提供，学生可以根据自己的时间和节奏自主学习，不受地点限制。这种灵活性使得那些有时间限制或无法常规参加面授课程的学生能够便捷地获取英语教育资源，如英语语法、听力训练、写作技巧等内容。同时，在线学习也鼓励学生通过多媒体资源、在线讨论和互动来积极参与学习，增强学习的趣味性和实用性。

语言实验室在大学英语教育中发挥着重要作用。语言实验室提供了一种仿真环境，让学生能够在模拟的语言场景中进行听力、口语练习和互动交流。通过现代化的设备和软件，如语音识别技术、录音设备等，学生能够实时地获取反馈和改进自己的语言表达能力。语言实验室不仅有效地补充了传统课堂教学的不足，还为学生提供了更真实、更实用的语言学习体验。除了在线课程和语言实验室，语言交换项目也成为现代大学英语学习的一部分。通过语言交换，学生有机会与母语为英语的人士进行语言互动和交流，提高自己的口语表达能力和跨文化沟通技能。这种实地的交流经验不仅丰富了学生的学习过程，还培养了他们的国际视野和跨文化意识，为他们未来的国际职业生涯打下了坚实的基础。

大学英语学习的发展,特别是在多样化课程设置和丰富学习资源方面,展现了当前教育领域的前沿趋势。这种发展不仅提升了学生的英语综合能力,还满足了不同专业和兴趣的需求,促进了更全面的语言学习体验。慕课与网课平台如 Coursera、edX 提供大量优质的英语课程,学生可以根据需要选择不同主题和难度的课程进行学习。学习软件与应用如 Duolingo、Memrise 等可以通过互动和游戏化的方式帮助学生学习词汇和语法,保持学习兴趣。在线词典与翻译工具如 Oxford English Dictionary、Google Translate 等,为学生提供便捷的查词和翻译服务。许多英语教材都配有专门的配套网站或应用,提供额外的练习题、听力材料和互动练习。电子书和数字化教材不仅方便携带,还常常包含多媒体资源,增强学习体验。在线学习社区如 Reddit 的语言学习板块、Stack Exchange 的语言学板块,为学生提供交流和提问的平台。微信公众号如"每日英语听力"、微博上的英语学习账号,定期推送学习资料和小贴士。

(三) 全球化和对跨文化交流的重视

大学英语课程在全球化背景下的演进反映了对于学生未来职业发展需求的深刻理解。传统的语法、阅读和写作课程仍然是基础,但现代课程已经扩展到包括跨文化交流的学习内容。学生不仅学习如何正确使用语法和表达思想,还学习如何在不同文化背景下进行有效沟通和合作。这包括了了解和尊重不同文化的价值观、习俗和信仰,以及如何处理文化差异引起的挑战。

为了培养跨文化交流能力,大学英语课程经常引入多元化的教学方法和学习活动。例如,课堂上可能会组织学生进行跨文化交流的角色扮演或小组讨论,让他们在模拟的情境中学习如何有效地交流和解决问题。这种实践性的学习不仅增强了学生的语言技能,还培养了他们的社会智慧和文化敏感度。大学英语课程还经常引入跨文化沟通的案例分析和实际案例研究。通过分析真实的跨文化交流挑战和成功案例,学生能够学习到在实际生活和职业中如何应对和适应不同文化的情况。这种学习方式不仅使他们在理论上掌握了相关知识,还为将来的国际职业生涯奠定了坚实的基础。除了课堂内的教学活动,大学英语课程还鼓励学生参与国际交流项目、实习和志愿服务等活动。这些经历能够让学生亲身体验不同文化的生活和工作环境,加深对跨文化交流挑战和机遇的理解。通过这些实践机会，学生能够提升自己的语言能力、跨文化沟通技能和全球意识，为进入国际化的职场做好充分准备。

第二节　当前大学英语学习与教学面临的主要挑战

一、语言技能的实际运用

当今社会，大学英语课程所面临的主要挑战之一是如何有效地提升学生的实际交流能力和应对实际挑战的能力。尽管学生在课堂上学习到了丰富的语言技能和文化知识，但往往难以在实际生活和职业中顺利运用。这种现象的背后有多重原因，主要包括课堂教学的局限性、教学方法的单一性及学生个体差异等方面。课堂教学的局限性是当前挑战的一个重要因素。传统的大学英语课堂通常注重语法、阅读和写作等基础技能的训练，这些确实是语言学习的重要组成部分。然而，这种课堂教学往往缺乏实际交流和应用的机会。学生在课堂上学习到的语言技能虽然丰富，但在面对实际生活中的语言应用时，可能会感到不知所措或缺乏自信。教学方法的单一性也限制了学生实际交流能力的提升。大多数课堂仍采用传统的讲授和练习模式，学生缺乏足够的互动和实践机会。例如，在口语训练方面，学生虽然在课堂上学到了许多口语表达和技巧，但缺乏与母语为英语的人士进行真实对话的机会。这导致学生在实际交流中遇到困难时，无法灵活应对或自如表达自己的想法。

学生个体差异也是挑战的一个重要因素。不同的学生在语言学习和应用能力方面存在差异，有些可能天生具备较强的语言天赋和沟通能力，而有些则需要更多的时间和机会来培养和提升这些技能。因此，教育者需要根据学生的实际情况和学习需求，提供个性化的支持和指导，以帮助每个学生充分发挥自己的潜力。针对这些挑战，现代大学英语课程正在积极探索和实施新的教学方法和学习策略。例如引入更多的项目型学习、实践性任务和跨学科合作等活动，通过实际项目的参与来促进语言技能的应用和实际交流能力的提升；同时推广语言交换项目、国际实习和志愿者服务等实践机会，让学生在真实的语言环境中学习和交流，增强他们的跨文化沟通能力和社会适应能力。

二、对跨文化交流的理解与适应

（一）对跨文化交流的理解

随着全球化进程的深化，大学生在面对跨文化交流的挑战时，不仅需要具备良好的语言技能，还需要深入理解和适应不同文化背景之间的差异。跨文化交流能力的培养已成为现代大学英语教育的核心目标，然而实现这一目标面临着多方面的挑战。理解和尊重不同文化背景的差异是跨文化交流能力的基础。大学英语课程通常注重语言技能的学习，如语法、词汇和表达能力，但要真正做到有效跨文化交流，学生需要超越语言本身，理解不同文化在价值观、信仰、社会习俗等方面的差异。这种文化理解的深化需要课程设计师和教师在教学中注重文化背景的介绍和探索，通过文学作品、历史背景和实际案例等教学资源，引导学生拓宽跨文化视野，培养开放、包容和尊重的态度。

（二）对跨文化交流的适应

有效的跨文化沟通策略也是学生必须掌握的关键技能。语言课程通常强调语法和词汇的正确使用，但实际的跨文化交流往往需要更多的沟通技巧和策略。这包括了解不同文化背景下的沟通风格和习惯，以及如何调整自己的表达方式，以达到最好的沟通效果。教育者可以通过角色扮演、跨文化案例分析和模拟交流等活动，帮助学生锻炼在真实情景中的沟通技能，增强他们在跨文化环境中的应对能力和适应性。个体差异和心理层面的挑战也是跨文化交流能力培养的重要考量。每个学生在面对不同文化背景的交流时，可能会面临自我认知、情感调适和文化冲突等方面的挑战。一些学生可能由于语言障碍或文化差异而感到不安或困惑，需要额外的支持和指导来帮助他们适应和融入新的文化环境。因此，大学英语教育不仅要关注学生学术技能的培养，还需要关注学生的心理健康和文化适应能力的提升。

三、学习者的动机和自主学习能力

（一）理解学习者的动机

在大学英语教育中，学习者的动机和自主学习能力是影响教学效果的重要因素。特别是对于学习英语作为第二语言的学生而言，他们的动机和自主学习能力可能因个体差异而有所不同，这为教育者提出了挑战和机遇。理解学习者的动机是有效教学的前提。学生学习英语的动机可能包括实用性考量（如提升就业竞争力）、学术需求（如完成学业要求）、文化兴趣（如欣赏英语文学和文化）等多方面因素。因此，教育者需要通过个性化的教学方法和课程设计，激发学生的学习兴趣和内在动机。例如，可以引入与学生兴趣相关的主题和话题，通过文学作品、影视片段等丰富多样的教材来激发学习者的学习兴趣，从而提升他们的学习动力和积极性。

（二）培养学生的自主学习能力

自主学习能力包括学习者的目标设定能力、学习计划制订能力、资源获取能力、问题解决能力等。这些能力不仅有助于学生在课堂上更有效地学习和掌握知识，还能够在课外时间继续自主深化学习。因此，教育者应该通过引导学生参与学习资源的选择和利用，鼓励他们在学习过程中独立思考和解决问题，从而逐步提升他们的自主学习能力。然而，实现有效的动机激发和自主学习能力培养面临着一些挑战。首先，学生存在个体差异和多样性。不同背景和经历的学生对于学习英语的动机和学习方式可能存在显著差异，因此教育者需要灵活应对，采取多样化的教学策略和资源，以满足不同学生的学习需求。其次，传统的课堂教学模式可能难以充分激发学生的学习兴趣和自主学习能力，教育者需要不断探索和运用创新的教学方法，如项目学习、合作学习、个性化学习等，来激发学生的学习动机和提升他们的自主学习能力。最后，现代社会信息爆炸和技术进步也为培养学生的自主学习能力提供了新的机遇和挑战。通过引入在线学习平台、开放式教育资源、移动学习应用等，学生可以更方便地获取和利用各种学习资源，教育者需要引导学生有效利用这些资源，培养他们的信息筛选和批判性思维能力。

第三节　大学生英语水平现状分析

一、入学水平的差异

（一）英语教学水平导致的差异

一些大学生来自教育资源丰富、英语教学强化的中学或国际学校。在这些学校，学生通常从早期开始接触英语，教学质量高，课程设置多样化且专业化。他们可能有更多的机会参加英语角、国际交流项目或者参与英语竞赛，从而奠定了较为扎实的英语基础，培养了较高的语言运用能力。这些学生在大学阶段通常能够比较顺利地跟上课程进度，更容易适应英语为主要教学语言的环境，并能够在学术和社交方面取得较好的成绩。然而，另一些大学生可能来自教育资源相对匮乏或英语教学水平不高的地区或学校。在这些地区，英语教育的投入可能不足，教师资源和教学设施有限，导致学生的英语基础较为薄弱。这些学生可能在入学时面临较大的学习压力和适应困难，需要花费更多的时间和精力来弥补英语水平上的差距。他们可能需要参加额外的英语补习班或者利用校内外的资源进行补充学习，以提升自己的语言能力并跟上学术进度。

（二）听说读写方面的差异

大学生英语水平的差异不仅体现在语法和词汇掌握上，还涉及听说读写各方面的能力。一些学生可能在口语交流中表现较为流利，但在阅读和写作方面存在挑战；而另一些学生可能在阅读理解和书面表达方面较为突出，但在实际口语交流中感到吃力。这种差异不仅影响着他们的学术表现，还对其在实习、就业和国际交流等方面的发展产生影响。为了应对这种差异，大学英语教育需要采取综合性的措施。首先，推广个性化教学，通过诊断评估学生的语言水平和学习需求，为他们量身定制学习计划和教学资源。其次，提供多样化的学习支持和资源，如语言实验室、在线学习平台、辅导服务等，帮助学生在不同方面的英语技能上取得均衡发展。最后，鼓励学生参与语言交流活动、文化交流项目和实践机会，增强他们的语言运用能力和跨文化沟通技能。

二、全球化和职业需求

随着全球化进程的不断加深,大学生的英语能力在全球职场中的重要性日益凸显。如今,无论是在国际企业、跨国组织还是国际交流活动中,良好的英语沟通能力已经成为大学生必备的基本素质之一。因此,大学英语教育在不断演变,不仅注重学生的语言基础,还更加强调跨文化交流能力和实际应用能力的培养。大学生的英语水平现状呈现出明显的多样性。一些学生来自英语教学资源丰富、接触英语较早的地区或学校,他们可能具备较为扎实的英语基础和良好的语言表达能力。这些学生通常能够比较顺利地适应英语为主要工作语言的国际化职场环境,能够在跨文化交流中表现自如,并且在各类国际考试中取得较好的成绩。然而,另一些学生来自英语教学资源相对匮乏或英语教学水平较低的地区或学校。这部分学生在入学时可能面临较大的语言学习压力和适应困难,需要通过额外的努力和培训来提升英语能力。他们在跨文化交流能力和实际应用能力上可能存在较大的差距,需要系统性地弥补英语水平上的不足。

全球化对大学英语教育提出了更高的要求。除了传授语法、词汇和阅读技巧,教育者还需注重培养学生在多文化背景下的交流和合作能力。这种能力不仅包括语言沟通的流畅性,还涉及对不同文化背景、价值观和工作方式的理解和尊重。因此,一些现代化的大学英语课程不仅仅注重语言技能的培养,还通过项目学习、实习机会和跨学科的教学方法,帮助学生全面发展其跨文化交流能力和实际应用能力。同时,随着技术的发展和全球互联网的普及,大学英语教育还应适应新的学习方式和工具。在线学习平台、语音识别技术及虚拟现实技术的应用,为学生提供了更多灵活的学习途径和实践机会。这些新技术不仅可以帮助学生在语言技能上取得进步,还能增强他们的跨文化认知和解决问题的能力,为未来在全球职场中的竞争优势提供支持。

第四节 大学英语学习中的常见问题及解决方法

一、大学英语学习过程中存在的问题

在大学英语学习的认知方面存在一些普遍的观念，这些观念反映了学生们对英语学习的态度和方法的一种普遍趋势。有一部分学生认为学习英语就是学习一门语言，只要认真学习，自然会掌握相关知识。他们认为没有必要设定明确的学习目标，而大多数学生更倾向于将英语学习仅仅视为完成学校要求，尤其是为了应付考试而学习。在这种观念下，很少有学生能够自主设定并追求自己的学习目标。他们可能缺乏从兴趣出发选择学习英语的动机，而更多的是被外在的考试压力和课程要求所驱动。学生往往会忽视课前的预习和课后的复习，仅仅满足于课堂上的听讲，而忽略了深入理解和应用所学内容的机会。而对于词汇学习，大部分学生往往仅仅局限于记忆单词的音、形和汉语意思，缺乏在实际语境中进行词汇记忆的训练。这导致他们在语言运用时可能会遇到困难，因为他们未能有效地将词汇融入真实的语境和交流中。在学习方法方面，一些学生认为只要在听力和精读课上认真听讲，就能够掌握好听力和阅读技能。然而，他们往往忽视了课后的进一步练习和巩固，如听写练习等，这些练习对于提升听力和阅读能力至关重要。同样地，他们可能过于依赖课本和书本知识点的掌握，而忽略了通过更广泛阅读、朗诵和背诵经典语句来扩展语言能力和文化理解。

（一）自主学习能力不强

自律性不足是大学生在自主学习过程中面临的主要挑战。自律是指能够在没有外界监督的情况下，按照既定计划进行学习的能力。大学生在面对宽松的学习环境和自由安排的学习时间时，常常会被各种外界因素所干扰，如社交媒体、电子游戏及其他娱乐活动等。这些干扰因素容易让学生分散注意力，难以专注于学习。此外，大学生由于缺乏生活经验和时间管理能力，往往无法合理安排学习和娱乐时间，导致学习计划一再拖延，最终影响学习效果。在大学英语学习中，这种情况尤为突出，很多学生在英语听力、口语和写作等方面需要大量的自主练习，但由于缺乏自律，常常不能坚持。部分学生没有明确的学习目标和计划，导致学习缺乏方向和动力。学习目标是学习的指引，可以帮助学生明确自己要达到的学习成就。没有明确目标的学生在学习过程中容易迷失方向，不知道自己为何而学，从而丧失学习的动力。特别是在大学英语学习中，目标的缺乏会使学生无法针对自己的弱点进行有针对性的练习。例如，有的学生需要提高听力水平，但由于没有具体的目标和计划，常常无法坚持每天进行听力训练。学习计划是实现学习目标的重要手段，一个详细而可行的学习计划可以帮助学生合理安排学习时间，确保每个阶段的学习任务都能按时完成。然而，很多学生由于缺乏制订学习计划的经验或者对学习任务的难度估计不足，常常无法制订出有效的学习计划，导致学习效率低下。不知道如何高效地进行自主学习是影响学习效果的一个重要因素。学生进行高效的自主学习需要掌握一定的学习方法和技巧。在大学英语学习中，时间管理、笔记整理、复习方法、信息检索等都是提高学习效率的重要手段。然而，很多学生在自主学习时往往缺乏这些方面的指导，结果导致学习效果不佳。例如，有的学生在学习英语词汇时，不知道如何科学地进行记忆和复习，导致学过的单词容易遗忘；有的学生在进行英语写作时，不知道如何有效地进行结构和逻辑的安排，结果写作水平难以提高。此外，学生在自主学习过程中常常会遇到各种各样的难题，如果没有及时得到解决，这些难题会逐渐积累，最终影响学习的整体效果。

（二）不会利用线上资源

在现代大学教育中，随着互联网的普及和信息技术的发展，学生面临着前所未有的海量线上学习资源。然而，这些丰富的资源虽然为学生的学习提供了极大的便利，但同时也带来了新的挑战。面对如此众多的线上资源，学生常常感到无所适从，不知道哪些资源是有用的，哪些资源是值得投入时间和精力的。这一问题在大学英语学习中尤为突出。学生在面对大量的线上资源时，常常缺乏筛选和评价这些资源的能力。互联网上的学习资源质量参差不齐，有些是由专家学者精心制作的高质量内容，但也有许多是未经审核的低质量甚至错误信息。大学生在英语学习过程中，如果不能有效地筛选和评价这些资源，容易被误导。例如，在搜索英语语法的学习资料时，学生可能会遇到一些内容错误或解释不准确的网站，不仅会浪费时间，还可能让他们形成错误的知识体系。此外，有些资源虽然质量不错，但并不适合所有学生的学习需求和水平。如果学生不具备评估资源适用性的能力，可能会选择一些难度过高或过低的资源，从而影响学习效果。对新技术和学习软件的不熟悉也是学生在使用线上资源时面临的一个主要困难。现代学习软件和应用程序功能繁多，界面复杂，初次使用时可能需要一定的时间和精力去适应。很多大学生在英语学习过程中，可能会因为不熟悉某些软件的操作，而无法充分利用这些工具。例如，许多在线词典、语法检查工具、语言学习应用程序都能显著提高学习效率，但如果学生对其功能和使用方法不了解，可能会错过这些工具带来的学习便利。此外，一些学生在面对新技术时可能会产生畏难情绪，觉得这些工具过于复杂，从而选择放弃使用，继续依赖传统的学习方法，这也限制了他们的学习效率。

二、解决大学生英语学习中存在的问题的方法

（一）确定学习目的，激发学习兴趣

学习目的对于大学生而言，是指他们学习的动机和期望能够在实际生活和职业中运用所学的英语知识。相对于仅仅为了应付考试而学习，学生更倾向于将英语学习视为提升自身职业竞争力和跨文化交流能力的一种工具。例如，他们可能希望能够在国际企业工作，或者参与国际合作项目，这些都需要良好的英语能力作为支持。因此，明确的学习目的帮助学生更加专注和有效地学习，因为他们知道自己的努力最终会转化为实际的能力和应用场景。学习兴趣是激发学生积极投入学习的重要因素。当学生对学习英语产生兴趣时，学习的效率和动力显著提高。兴趣不仅能够激发学生主动探索和深入学习的欲望，还能帮助他们克服学习过程中的挑战和困难。例如，对英语文化、文学或者影视作品的浓厚兴趣可以激发学生自发地进行更多阅读和听力练习，从而提升语言的理解和运用能力。

同时，学生对学习英语的兴趣可能来自多方面的因素，如旅行、跨文化交流体验的愉悦感，或者对于语言学习本身的热爱和追求。这种兴趣驱动的学习不仅使学生在学习过程中更加愉悦和有动力，还能帮助他们更深入地理解和掌握语言背后的文化和社会意义。为了有效地激发学生的学习兴趣和明确学习目的，教育者可以采取一系列措施。教育者可以通过引导学生深入思考和讨论，帮助他们理清自己学习英语的目标和动机。教育者可以鼓励学生设立短期和长期的学习目标，从而帮助他

们更加系统地规划和实施学习计划。教育者还可以通过创新的教学方法和多样化的教材资源来激发学生的学习兴趣。例如，引入有趣的英语电影、音乐或者游戏，通过互动和实践活动来增强学生的学习体验和参与感。此外，提供与学生兴趣相关的实际案例和故事，可以帮助他们更好地理解语言的应用场景和实际意义。

（二）养成课前预习、课堂学习、课后复习的好习惯

在大学里提高英语水平需要学生在学习方法和学习态度上进行自我调整。与高中英语相比，大学英语的学习更加注重学生的自主学习能力和深度理解能力，因此如何有效地进行课前预习、课堂学习和课后复习是关键的三个环节。课前预习对于大学生学习英语至关重要。与高中相比，大学英语课文更为复杂和篇幅更长，涉及的词汇量也更大。在进行课前预习时，学生应首先独立阅读课文，理解大意。遇到不认识的单词时，可以先进行猜测，然后再通过词汇表或字典进行查阅。标记不理解的地方，可以在课堂上向老师请教或者查阅参考资料，如参考书籍或课后资料。此外，充分利用课本配套的光盘进行听力练习，对课前的自学预习效果有显著提升作用。课堂学习要求学生积极参与和专心听讲。在课堂上，学生应跟随老师的讲解，及时思考和回答问题，参与口头提问和笔头练习等活动。这不仅有助于提高学生的英语思维能力和口语水平，还能增强学生的应变能力和对英语语境的理解能力。课后复习是巩固和加深学习效果的关键步骤。学生应该对课文内容进行反复阅读，记忆和掌握其中的重要词汇、短语和精彩段落。通过不断练习和复习，加强对课文的理解和记忆，这些内容在未来的应用中能够更加流畅和自如地运用。除了课堂学习，大学生还应在课外进行更广泛的英语学习，阅读英文杂志、报刊和小说，听英语录音和歌曲等，有助于提高听力理解能力和丰富词汇量。在英语角和其他学习者交流时，不要害怕犯错，勇于表达自己的观点和看法，这些都能有效提升口语表达能力和自信心。

（三）发挥学习的主动性，合理安排学习时间

提高大学生的英语能力，教师的作用是重要的，但从长期来看，学生自主学习的重要性远超过了课堂教学。教师在教学中的角色更像是引导者，而学生需要通过自己的努力和总结，找到适合自己的学习方法和节奏。学生需要学会合理安排时

间。举例来说，如果一个学生的英语课安排在星期二和星期三，那么星期二和星期三就应该及时复习所学内容，确保掌握扎实。而在没有课的时间，如星期一和星期五，可以进行课前预习或者复习已学内容，这种周而复始的预习和复习安排有助于加深对知识的理解和记忆。

　　学生可以通过阅读报纸、杂志、英语小说，观看英语电影或者听英语音乐来丰富语言输入。这样做不仅能够增加词汇量和提升语感，还能使学习过程更加愉悦和有效。每天的学习计划应该包括一定的阅读和听力时间。即使是短短的15分钟，也要集中注意力，有意识地记忆和理解句子结构和语言用法。在日常生活和学习中，学生还可以尝试用英语思考问题，逐渐培养英语思维方式，这对于提高语言水平尤其重要。学生还应当培养学习的兴趣和乐趣。将英语学习视为一种娱乐活动，而不仅仅是应付考试的手段，能够激发学习动力和积极性。通过结合学习和娱乐，学生可以更自然地融入英语学习的过程，从而更有效地提升自己的语言能力。

第五节　大学生英语自主学习能力的培养

一、自主学习的内涵

　　自主学习理念以学习者为中心，强调个性化学习，要求教师因材施教，开展个性化教学，培养学习者自我决策、自我管理和自我评价的能力。这种教育理念不仅关注学习者的学习结果，还更加注重学习过程中学习者的自主性和主动性。自主学习能力的培养，不仅是为了让学生掌握知识，更是为了培养他们在未来能够独立思考、解决问题、不断进步的能力。自主学习的核心在于让学生成为学习的主导者。传统的教学模式往往是教师主导，学生被动接受知识。而自主学习则是教师鼓励学生积极参与到学习过程中，学生自己制订学习目标，选择学习方法，并对学习过程进行反思和调整。这样的学习模式能够激发学生的学习兴趣，培养他们的独立思考能力和自我管理能力，使他们在面对不同的学习任务时能够游刃有余。个性化教学是实现自主学习的重要途径。每个学生都有不同的学习习惯、兴趣爱好和认知能力。教师需要根据学生的个体差异，制订适合他们的教学计划，采用灵活多样的教学方法，帮助学生发现和发挥自己的优势。同时，教师也要鼓励学生自主探索，尝试不同的学习方法，找到最适合自己的学习路径。这样不仅能够提高学生的学习效果，也能够培养他们的创新能力和批判性思维。

自主学习不仅是一种积极做出学习决策的态度，也是一种对学习过程决策和控制的能力。学习者在自主学习过程中需要不断进行自我监控，对学习计划的实施情况进行评估，对学习策略的效果进行反思，并根据实际情况进行调整。通过这种自我监控，学生能够及时发现并解决学习中的问题，提高学习效率，改善学习效果。同时，自主学习也能够培养学生的责任感，使他们更加重视自己的学习过程和结果。自主学习是一种多维度的能力，涵盖了自主思考、做出决策及独立行动等方面。在自主学习过程中，学生不仅要掌握一定的学习策略，还需要具备良好的时间管理能力、目标设定能力和自我激励能力。只有在这些能力的共同作用下，学生才能够真正做到自主学习，并在学习中取得优异的成绩。自主学习也是一种自我监控能力，学习者需要监控学习计划的实施及学习策略的运用等。通过自主学习，学习者可以调控学习过程，有利于提高学习效率和改善学习效果。例如，在学习过程中，学生可以根据自己的实际情况灵活调整学习计划，选择最适合自己的学习方法，充分利用各种学习资源。这样不仅能够提高学习效率，也能够培养学生的独立思考能力和解决问题的能力。

二、培养大学生英语自主学习能力的必要性及其意义

（一）适应信息化社会发展的要求

在充满变革、发展和挑战的全球化和信息化时代，教育应顺应时代潮流，适应当今信息化社会发展的需要。科技的飞速发展为互联网环境下的教育教学模式不断创新提供了有力的技术支撑，使得现代教育内容和资源日益丰富。在此背景下，学生需通过各种途径汲取知识，强化创新思维，提高自身实践能力和自主学习能力，以便适应新形势下社会经济发展的需要。大学生英语自主学习能力的培养需要依托互联网技术和多媒体资源。互联网的普及为大学生提供了海量的学习资源和学习工具，使得他们可以随时随地进行英语学习。在线词典、翻译软件、英语学习网站和 APP 等，都是大学生学习英语的有力工具。

英语自主学习能力的培养需要注重学习方法的指导。虽然互联网提供了丰富的

学习资源，但如果没有正确的学习方法，学生可能会感到迷茫和无从下手。因此，大学英语教师应在教学中注重培养学生的自主学习能力，教授他们科学的学习方法，如如何制订合理的学习计划、如何进行高效的时间管理、如何利用多样化的学习资源等。此外，还应鼓励学生进行反思性学习，通过记录学习笔记和学习日志，反思自己的学习过程，总结学习经验和教训，以不断提高学习效果。英语自主学习能力的培养离不开自主学习环境的营造。学校应为学生提供良好的学习环境和条件，如建设现代化的语言实验室、开设丰富多彩的英语选修课程和社团活动等。通过这些措施，学生可以在轻松愉快的氛围中进行英语学习，增强学习的主动性和积极性。例如，英语角、英语辩论赛、英语话剧表演等活动，不仅可以锻炼学生的英语表达能力，还可以提高他们的学习兴趣和团队合作能力。英语自主学习能力的培养需要借助信息技术的支持。信息技术的发展使得教育教学模式不断创新，如翻转课堂、慕课（MOOC）、微课等新型教学模式的出现，为大学生提供了更多自主学习的机会。例如，在翻转课堂中，学生可以通过观看教师录制的视频讲解，提前预习课程内容，在课堂上进行讨论和互动，解决学习中的疑难问题。这种教学模式不仅提高了学生的自主学习能力，还培养了他们的批判性思维和问题解决能力。

大学生的英语自主学习能力培养还需要重视个性化学习。每个学生的学习基础和学习需求不同，因此教育者应注重个性化指导，因材施教。例如，教育者可以通过学习分析技术收集和分析学生的学习数据，了解他们的学习进度和学习效果，从而为每个学生制订个性化的学习方案；同时还可以利用智能推荐系统，根据学生的学习兴趣和学习需求，推荐适合他们的学习资源和学习任务，以提高学习的针对性和有效性。英语自主学习能力的培养离不开社会支持和家庭支持。学校、社会和家庭应形成合力，共同为学生的英语学习创造良好的条件和氛围。学校可以通过家校合作，定期与家长沟通学生的学习情况，争取家长的支持和配合；社会可以通过举办各种英语学习活动和比赛，为学生提供更多的学习机会和展示平台；家庭则应为学生创造安静的学习环境，给予他们必要的学习支持和鼓励。

（二）满足现代外语教育目标的需要

在信息化和全球化的背景下，现代外语教育目标愈发注重培养学生的语言综合运用能力。为了满足这一需求，大学英语教育不仅要传授语言知识，还要着力于提高学生的自主学习能力，使他们能够应对瞬息万变的社会环境和信息爆炸的挑战。这一教育目标强调学生的自主学习和终身学习理念，旨在全面提升他们的语言交际能力，从而迎接社会快速发展所带来的机遇和挑战。大学英语教育应当以学生为中心，促进他们的自主学习能力。教师在教学过程中，应积极引导学生自主探究，激发他们的学习兴趣和动力。例如，教师可以为学生提供多样化的学习资源，如在线课程、电子书籍、学术期刊等，使学生能够根据自己的兴趣和需求，自主选择学习材料。此外，教师还可以组织丰富的课外活动，如英语角、读书会、学术讲座等，为学生创造更多的实践机会，提升他们的语言运用能力。现代外语教育需要借助信息技术，打造高效的学习环境。在信息化时代，互联网和多媒体技术为英语学习提供了丰富的资源和便利的条件。教师可以利用这些技术手段，设计互动性强、趣味性高的学习活动。例如，通过在线讨论平台，学生可以随时随地与教师和同学交流，分享学习心得，解决学习中遇到的问题；通过观看英语视频、听英语播客等方式，学生可以提高听力和口语能力，同时了解英语国家的文化背景，拓宽视野。

（三）尊重学生个性差异

在当今多元化和信息化的教育背景下，尊重学生个性差异并进行因材施教显得尤为重要。尤其在大学教育阶段，学生的自主学习能力对于其未来的发展具有决定性作用。教师需要根据学生的个性差异，设计多样化的教学方法，促进学生的全面发展。教师应充分了解每个学生的个性特点、兴趣爱好和学习风格。通过细致观察和有效沟通，教师可以识别出学生的优势和不足。例如，有些学生更擅长于逻辑思维和分析能力，而另一些学生则可能在创造力和艺术表达方面表现突出。了解这些差异后，教师可以有针对性地设计课程内容和教学方法，使每个学生都能在其擅长的领域得到充分发展，同时在其他方面也能得到适当的提升。在英语自主学习能力的培养方面，教师可以组织丰富多彩的课堂活动，如小组讨论、角色扮演、演讲比赛等。这些活动不仅能够激发学生的学习兴趣，还能促进他们之间的交流与合作。通过小组讨论，学生可以分享自己的观点和经验，互相启发，形成多元化的思维模式。而角色扮演和演讲比赛则能够增强学生的语言表达能力和自信心，使他们在真实情景中运用所学知识，提高实际应用能力。

教师还应培养学生的自我管理能力和学习策略。在这一过程中，教师的指导和支持尤为关键。例如，教师可以为学生推荐优质的英语学习资源，如在线课程、学习软件、阅读材料等，并引导他们制订合理的学习计划，设定具体的学习目标。通过这种方式，学生不仅能够提高自己的英语水平，还能养成良好的学习习惯，增强自我学习的动力和能力。在课堂教学中，教师还可以利用现代科技手段，丰富教学内容和形式。例如，通过使用多媒体技术和互联网资源，教师可以为学生提供更为生动和直观的学习材料，激发他们的学习兴趣。同时，利用在线讨论平台和学习管理系统，教师可以及时了解学生的学习进展，解答他们的问题，给予个性化的指导和反馈。大学教育不仅是知识的传授，更是学生自主学习能力和综合素质的培养过程。在这个过程中，教师的角色不仅是知识的传递者，更是学习的引导者和支持者。通过尊重学生的个性差异，因材施教，精心组织多样化的课堂活动，合理、有序地组织学生的探索和交流，教师可以有效促进学生的自主学习能力，帮助他们成为独立思考、善于解决问题的综合性人才。

三、影响大学生英语自主学习的因素

（一）影响大学生英语自主学习的内在因素

1. 学习动机

学习动机是指学习者对某项学习活动产生了浓厚的学习兴趣，按照自身需要，制订学习目标，强化学习行为，实现从"被动接受"到"主动学习"的积极转变。由此可见，学习动机是培养学生自主学习能力的重要前提，因此，教师应当运用教育机制，因材施教，激发学生的学习动机。在大学阶段，学生的学习不再局限于课堂和教材，他们需要培养自主学习的能力，特别是在学习英语这一全球通用语言时更是如此。大学生英语自主学习能力的培养，不仅有助于他们掌握语言技能，还能提升他们在全球化背景下的竞争力。因此，激发大学生的学习动机，使其主动投入英语学习中，显得尤为重要。教师应当通过多样化的教学方法，激发学生对英语学习的兴趣。传统的单一教学模式往往难以引起学生的学习热情，而互动式教学、项目式学习、情景模拟等方法可以使学生感受到学习的乐趣。例如，在英语课堂上，教师可以组织小组讨论、角色扮演、英语演讲等活动，使学生在真实的语言环境中运用英语，提高其学习兴趣和动力。教师应当帮助学生制订切实可行的学习目标。

目标的设定应当符合学生的实际水平，并逐步提高其难度，使学生在不断实现目标的过程中获得成就感和自信心。例如，教师可以引导学生制订每日背诵单词的计划、每周阅读一篇英语文章、每月完成一篇英语作文等。这些具体的目标不仅可以让学生有明确的学习方向，还可以帮助他们养成良好的学习习惯。

教师应当重视学生的个体差异，因材施教。每个学生的英语基础、学习能力、兴趣爱好各不相同，因此教师在教学过程中应当灵活调整教学内容和方法，满足不同学生的需求。例如，对于基础较差的学生，教师可以通过提供更多的辅导和练习，帮助他们夯实基础；对于基础较好的学生，教师可以提供更多的阅读材料和写作任务，挑战他们的思维和语言运用能力。教师应当鼓励学生利用多种学习资源，提高其自主学习能力。随着信息技术的发展，网络上有大量优质的英语学习资源，如在线课程、英语学习 APP、英语新闻网站等。教师可以引导学生充分利用这些资源，进行自主学习。例如，推荐学生观看英语教学视频、参与在线英语讨论、阅读英文新闻等。这些资源不仅可以帮助学生扩展知识面，还可以使他们养成良好的自主学习习惯。教师应当关注学生的学习过程，及时给予反馈和鼓励。学生难免会遇到各种困难和挫折，教师应当及时发现并给予帮助和指导。例如，定期检查学生的学习进度，了解他们的学习困惑，并给予具体的建议和解决方案。同时，教师还应当鼓励学生在学习过程中多与同学交流，相互帮助，共同进步。

2. 学习态度

学习态度是指学习者对学习较为持久的肯定或否定的行为倾向。学习态度有端正和不端正之分。态度端正的学习者勤奋好学，求真务实；态度敷衍的学习者敷衍了事，不求上进。因此，学习态度积极的学习者更加倾向于开展自主学习。学习态度端正的大学生具有更强的自主学习意识。他们不仅在课堂上认真听讲，积极参与讨论，还会在课后自主安排时间进行英语学习。例如，他们会主动阅读英语书籍、观看英语电影、听英语广播等，通过多种渠道提高自己的英语水平。相比之下，学习态度不端正的学生往往只满足于完成基本的课堂作业，对课外学习缺乏兴趣和动力，导致英语水平停滞不前。学习态度端正的大学生更容易设定明确的学习目标，并为之努力奋斗。设定目标是自主学习的关键步骤之一。态度端正的学生会根据自己的实际情况，制订短期和长期的学习计划，如每天背诵一定数量的单词、每周完成一定量的英语阅读、每月写一篇英语作文等。这些目标不仅可以帮助他们有条不紧地进行学习，还能在不断实现目标的过程中获得成就感和自信心。相反，态度敷衍的学生往往没有明确的学习目标，学习随意性大，效果自然不理想。

学习态度端正的大学生会主动寻求各种学习资源，利用多样化的学习方法来提高自己的英语水平。现代社会中，学习资源丰富多样，除了传统的教材和课堂教学外，网络上还有大量的英语学习资料，如在线课程、学习APP、英语论坛等。态度端正的学生会积极利用这些资源，探索适合自己的学习方法，如通过在线课程学习语法，通过APP进行口语练习，通过论坛与其他学习者交流心得等。而态度敷衍的学生则往往只依赖课堂教学，缺乏主动性和创新精神。学习态度端正的大学生在面对学习中的困难和挫折时，表现出更强的毅力和抗压能力。他们能够正视自己的不足，积极寻求解决办法，如向老师请教、参加学习小组、与同学互助等。他们相信只要付出努力，就一定能有所收获。相反，态度不端正的学生在遇到困难时，往往选择逃避或放弃，缺乏克服困难的勇气和决心。学习态度端正的大学生更容易获得外界的支持和认可。积极的学习态度不仅能够提升自身的学习效果，还能给周围的人带来积极的影响。例如，老师会更愿意给予他们指导和帮助，同学们也更愿意与他们合作和交流。这种良好的学习氛围进一步激发了他们的学习动力，形成了良性循环。

3. 学习策略

学习策略对于大学生的自主学习能力培养至关重要，它不仅仅是一种技能，更是一种多维度和多层次的心理品质的体现。根据认知学习理论的观点，学习策略可以分为元认知策略、认知策略和社会情感策略，每种策略都在不同层面上影响着学习者的学习效果和学习过程。元认知策略涉及个体对自己学习过程的监控、调节和评估。这包括目标设定、计划制订、学习进度的评估等能力。例如，一个有着良好元认知策略的学生能够清晰地设定学习目标，制订详细的学习计划，并通过不断自我评估和反思来调整学习策略，从而提高学习效率。

认知策略指的是在学习过程中应用的具体技巧和方法，如注意力的集中、信息的组织与加工、记忆和理解等。这些策略有助于学生更有效地处理和吸收学习材料，提升学习的深度和广度。例如，使用图表、概念映射来帮助理解和记忆复杂的学科内容。社会情感策略则关注个体与他人之间的互动和情感管理。在大学生活中，这一策略尤为重要，因为它涉及与教师、同学和其他学习者的合作与交流，以及面对挑战和困难时的情绪调节能力。通过有效的社会情感策略，学生能够建立积极的学习环境和人际关系，促进学习动机和自信心的增强。

4. 自我归因

自我归因是学习者对其学习成果或失败的原因进行解释和推断的过程。根据韦纳的归因理论，学习者通常会将成败归因于能力高低、努力程度、任务难易、运气好坏、身心状态和外界环境等因素。这些归因不仅影响着个体的情绪和动机，还直接影响到其未来的学习行为和态度。能力和努力是归因中的两个关键因素。学生可能会归因于自己的能力是否足够强大，以及是否付出了足够的努力。一个积极的归因是将成功归因于自己的努力和能力，这种归因会激发学生的自信心和学习动机，因为他们相信通过更多的努力和学习，可以取得更好的成绩。任务的难易度和运气因素也会影响归因的方向。学生可能会将成功归因于完成任务比较容易或者运气好，而将失败归因于任务的难度大或者运气不佳。这种归因可能会导致学生对自己的学习能力产生误解，影响到他们未来的学习动机和努力程度。身心状态和外界环境是另外两个常见的归因因素。学生可能会将学习成绩的好坏归因于自己的身体或情绪状态，或者归因于外部环境的影响，如家庭环境、教学资源等。这些因素的积极或消极归因会显著地影响到学生的学习态度和行为。研究表明，积极和正确的归因有助于增强学习动机和自主学习能力。因此，教师在引导学生对学业成败进行归因时，扮演着至关重要的角色。教师应当帮助学生意识到自己的努力和能力对学习成绩的重要性，鼓励他们将成功归因于自身的努力和决心，而不是简单地归因于任务的难易或外部环境的影响。

5. 自我效能感

自我效能感是指个体对自己能够有效完成特定任务的信心和能力评估。在大学生的自主学习能力培养中，自我效能感起着至关重要的作用。高自我效能感的学生往往具备积极的学习态度和较强的自我调节能力，他们能够更轻松地设定学习目标并持之以恒地追求，即使面对困难和挑战，也能以乐观的心态和坚定的决心去应对。培养大学生的自主学习能力需要关注他们的自我认知和自我调节能力。教师要通过鼓励学生参与问题解决过程和学术探究，可以增强他们的自我认知，即对自己学习能力和学术成就形成客观评估。当学生意识到自己的学习过程中遇到的挑战是正常的，并能够通过努力和策略调整来克服这些挑战时，他们的自我效能感也会随之提升。提供支持和正向反馈对于增强学生的自我效能感至关重要。教师和同伴的支持可以帮助学生建立起在学术上的信心，并且在学生学习过程中遇到挫折时给予及时的正面激励和反馈。例如，赞扬学生的努力和进步，而不仅仅赞扬结果，可以帮助他们形成良好的自我价值感和学习动机，进而提升他们的自我效能感。

创造一个积极、支持性和鼓励尝试的学习环境也是培养大学生自主学习能力的关键因素之一。这种环境不仅能够减少学术焦虑和消极情绪，还能够激发学生的学习兴趣和探索精神。例如，鼓励学生参与跨学科的项目和实践活动，可以帮助他们发展综合运用知识的能力，从而提升他们的自我效能感和学术成就。大学生的自主学习能力的培养也需要重视反思和自我调整的能力。通过定期的学习反思和目标评估，学生可以更清晰地认识到自己的学习进展和不足之处，进而调整学习策略和方法，提升学习效率和成就感。这种自我调节能力不仅可以帮助学生更好地应对学术挑战，还可以培养他们在未来职业生涯中持续学习和适应变化的能力。

6. 学习者自尊

学习者的自尊是构成其个体身份和学术成就感的重要因素。自尊可以被理解为个体对自身价值的主观评价和对自我能力的信心，这种信心直接影响着他们在学术和生活中的表现。心理学研究表明，他人的赞扬和积极反馈对学生的学习和情感发展具有深远的影响。学生在得到鼓励和认可时，通常会感受到自己的努力和能力得到了肯定，从而进一步增强自信心和自我效能感。这种正面的社会反馈不仅可以强化学生的学术动机，还有助于减少他们可能面临的学习焦虑和压力，使他们更愿意积极参与自主学习过程。

保护学习者的自尊心不仅意味着避免批评和负面评价，更重要的是通过积极的教育实践和支持性的学习环境来激励学生。例如，教师和同伴可以通过鼓励学生克服挑战、充分展示自己的优势和潜力，来增强他们的自尊心。在课堂上，给学生提供展示个人才能和创造力的机会，如小组讨论、项目展示或学术比赛，不仅能够增强学术自信，还能促进他们在学习过程中的主动参与和领导能力的发展。教育者在评价学生时应注重正向反馈和鼓励，而非仅仅关注错误和不足。通过给予学生具体而建设性的反馈，指出其进步和潜力，可以帮助他们建立起积极的自我形象和学术自信。这种正面的评价不仅增强了学生的自尊心，还有助于他们更深入地理解和应用所学知识，从而提升学习效果和成绩。通过帮助学生发现和发展其个人兴趣和才能，同时提供支持和指导，可以有效地增强他们对学习的自信心和动力。例如，引导学生参与学术研究、社会实践或志愿服务等活动，可以帮助他们发现自己在学术和社会中的价值，并进一步增强其自尊和学习成就感。

（二）影响大学生英语自主学习的外在因素

1. 教师

教师在教学中的教学理念、态度和实践对于学生自主学习能力的发展具有深远的影响。教师的教学理念直接影响到他们在课堂上的教学方式和方法选择。尊重学生个体差异是一个基础性的理念。每个学生都拥有独特的学习风格、能力和兴趣，教师应当了解并尊重这些差异，采用多样化的教学策略来满足不同学生的学习需求。例如，对于喜欢探索和独立学习的学生，教师可以提供更多的自主学习空间和资源，让他们在学习过程中能够自主选择学习的路径和方法。教师的教学态度对于激发学生学习潜能至关重要。一位充满热情和鼓励的教师可以极大地激发学生的学习兴趣和动机。通过积极的言行和身体语言，教师能够传递出对学习的重视和对学生能力的信任，从而帮助学生建立起自信心和自主学习的意识。例如，鼓励学生提出问题、参与讨论和表达见解，能够促使他们更加积极地参与到学习过程中，培养他们的批判性思维和自主解决问题的能力。

教师在教学实践中应当为学生提供适当的支持和指导，以帮助他们逐步建立自主学习的能力。这不仅包括在学术上的指导，还包括在学习策略、时间管理和目标设定等方面的辅导。通过与学生的密切互动和反馈，教师能够了解到每个学生的学习进展和困难，及时给予帮助和建议，促进他们更有效地进行自主学习。教师还应当充分利用现代技术和多样化的教育资源，以支持学生的自主学习。通过网络平台、在线课程和学习应用程序等工具，教师可以为学生提供更广泛和深入的学习资源，鼓励他们自主探索和学习。同时，教师也可以利用这些技术手段来对学生的学习成果进行评估和反馈，帮助学生了解自己的学习进步，进而调整学习策略和目标。

2. 同辈群体

当同辈群体中出现取得良好学习效果的自主学习者时，他们不仅仅是学习成绩的榜样，更是自主学习态度和行为的有力示范。这种群体中的正向影响不仅仅在于个体的学习表现，还在于他们如何通过自主学习来增强自己的学习信心和学术成就。同辈群体中的自主学习者常常能够通过他们的学习方法和态度激发他人的学习兴趣和动机。他们展示了有效的学习策略，如高效的时间管理、有效的信息获取和整合技巧，以及持续学习的积极态度。这些特质不仅使他们在学术上脱颖而出，也使他们成为其他同学学习的榜样。通过观察和学习这些自主学习者的方法，其他同学可以逐步学会如何在学习中自主地设定目标、制订计划，并坚定地朝着目标努力。

同辈合作与交流是促进自主学习的重要方式之一。自主学习并不意味着孤立地进行学习，而是在独立思考的基础上能够与他人分享和探讨学习内容。在同辈群体中，学生可以通过合作学习和交流讨论来增进对知识的理解和应用。例如，通过小组讨论、共同研究项目或互助学习，学生可以共同探索问题，分享见解，并从彼此的经验中学习到新的学习方法和技巧。这种合作与交流不仅有助于加深对学习内容的理解，还能够增强学生的学习自信和自主学习行为。同辈群体中的互动和竞争也能够激发个体的学习动力和自主学习意愿。竞争可以促使学生相互之间进行学术上的挑战和刺激，从而激发他们的学习热情和努力程度。在积极的竞争氛围中，学生往往会不断努力提升自己的学习能力和成就水平，同时也会通过观察他人的成就来反思和调整自己的学习策略，进而增强自己的学习自主性和学术成就。

3. 学习环境

学习环境对于学生的学习体验和学术发展至关重要。它不仅仅包括物质环境，如教室设施和教学设备，还涵盖了社会环境，即师生之间的交流互动、学生与学习资源的互动，以及教育机构营造的学习氛围和文化氛围等方面。在这样的学习环境中，教师作为自主学习的促进者扮演着至关重要的角色，需要努力创造一个有利于学生自主学习的良好环境。物质环境的建设对于学习活动的顺利进行至关重要。一个舒适、安全、设备完善的教室可以给学生提供学习所需的基本条件。例如，现代化的教学设备和网络设施能够支持多媒体教学和在线学习资源的使用，帮助学生更便捷地获取和分享知识。同时，良好的教室氛围和布置也能够激发学生的学习兴趣，营造积极的学习氛围。

社会环境中的师生交流和互动对于学习环境的塑造至关重要。教师不仅仅是知识的传递者，更应当成为学生学习过程中的引导者和激励者。通过与学生之间的密切互动和良好沟通，教师可以更好地了解学生的学习需求和个性特点，从而有针对性地调整教学策略和支持方式，促进学生的自主学习能力的发展。例如，定期的个别指导、小组讨论和学术辅导可以帮助学生解决学习中的困难和挑战，增强他们的学习自信心和学术能力。学生与学习资源的有效互动也是一个良好学习环境的重要组成部分。现代教育技术的应用使得学生可以随时随地访问丰富的学习资源和信息，如图书馆的电子数据库、在线学术期刊和教育平台上的开放式课程等。教师可以引导学生有效利用这些资源，开展自主学习和研究活动，从而培养他们的自主学习能力和独立思考能力。教育机构的文化和价值观念也对学习环境产生深远影响。鼓励探索、创新和批判性思维的教育文化能够激发学生的学术探索精神，培养他们成为自主学习者和未来的领导者。教育机构可以通过设置符合现代教育理念的课程、鼓励学生参与学术研究项目及提供多样化的学习机会来营造这样的文化氛围，从而为学生的全面发展和职业成功奠定坚实基础。

4. 教育技术

随着多媒体技术和网络技术的飞速发展，计算机辅助教学为学生的自主学习提供了前所未有的便利条件。通过这些技术，学生能够轻松、快捷地获取丰富多样的学习资料，并在不受时间和空间限制的情况下进行学习。教育技术为英语学习者提供了丰富的学习资源和工具。通过互联网，学生可以访问全球各地的英语学习网站、在线课程和电子书籍等资源。这些资源不仅包括传统的课本内容，还涵盖了多媒体教材、英语学习视频、互动练习和在线词典等，极大地丰富了学生的学习体验和学习内容的多样性。计算机辅助教学技术提供了个性化学习的可能。通过学习管理系统和个性化学习平台，教育者可以根据学生的学习需求和水平制订个性化的学习路径和教学计划。这种个性化学习的模式能够更好地满足学生的学习兴趣和提高学习速度，帮助他们在自主学习的过程中更高效地掌握知识和技能。

教育技术还促进了学生与教师之间的互动和交流。通过在线讨论论坛、即时通信工具和视频会议等技术，学生可以与教师和同学进行实时的交流和讨论。这种互动不仅有助于解决学习中的问题和困惑，还能够激发学生的学习兴趣，增强他们的学习动机和学术探索精神。教育技术的另一个重要优势是提升了学生的学习效率和学习自主性。通过电子学习平台和应用程序，学生可以随时随地进行学习，不再受到传统课堂时间和地点的限制。他们可以根据自己的学习进度和时间安排，灵活选择学习内容和学习方式，从而更好地管理和控制自己的学习过程。教育技术还为英语教学的评估和反馈提供了新的手段和工具。通过在线测验和作业提交系统，教师可以实时跟踪学生的学习进展，并及时给予个性化的反馈和指导。这种实时的评估和反馈有助于学生及时调整学习策略，弥补学习中的不足，进一步提高学习效果和学术成就。

5. 社会文化

中国传统的教育体制长期以来以教师的权威和知识传授为核心，学生在这样的环境下往往缺乏独立思考和自主学习的能力。然而，随着社会的进步和教育理念的演变，新课程改革正逐步推动教育模式从"以教师为中心"向"以学生为中心"的转变，这标志着教育的重心从教师转向了学生。这一变革要求学生不仅要改变自己的学习行为和学习策略，还需要提升自主学习意识和能力，以更好地适应现代社会和未来的挑战。传统的教育体制在教学中强调教师的权威和传授知识的重要性。教师通常扮演着知识的传递者和权威的角色，而学生则被动地接受和消化所传授的内容。这种教育模式虽然在某些方面有效，但也限制了学生独立思考和创造性解决问题的能力。学生习惯于依赖教师的指导和答案，而缺乏自主探索和批判性思维的机会。

然而，新课程改革的实施逐渐改变了这一格局。新课改强调"以学生为中心"的教学理念，强调学生的主动性、探索性和合作性学习。学生不再仅仅是被动接受知识，而是被鼓励成为知识的建构者和参与者。教师的角色也从单一的知识传授者转变为学习的引导者和促进者，通过激发学生的学习兴趣、引导学生学习和提供适当的支持来帮助学生发展自主学习的能力。为了适应这一变革，学生需要积极调整他们的学习行为和学习策略。他们需要学会如何主动获取和整合知识，如何设定个人学习目标并制订有效的学习计划，以及如何利用多样化的学习资源进行自主学习。这不仅仅是技能层面的提升，更是意识和态度的转变。学生需要意识到自己在学习过程中的主动性和责任感，学会面对挑战和困难时保持乐观和坚韧，同时也要学会与他人合作、分享和交流学习经验。提升自主学习意识和能力也需要教育机构和教育者的共同努力。教育机构应当为学生创造一个支持自主学习的学习环境，提供开放式的学习空间、先进的学习设施和技术支持。教育者则需要不断探索和实践符合学生学习需求的教学方法和策略，积极参与课程设计和教学实践，引导学生在学习中发挥主动性和创造性。

四、培养大学生英语自主学习能力的策略

(一)"以学生为中心"的课堂教学策略

在传统的语言教学模式中,教师往往扮演着知识的传授者和课堂的管理者,学生则处于被动接受和执行的角色。这种模式下,学生的自主学习意识和能力往往较为淡薄,他们习惯于依赖教师的指导和控制。然而,随着教育理念的进步和教学模式的变革,"以学生为中心"的课堂教学策略正在成为现代语言教学的重要趋势。在这样的教学模式下,教师的角色从传统的权威管理者转变为学生学习、成长与发展的引导者、促进者、激励者、合作者、组织者、帮助者和协调者,以更好地培养学生的自主学习能力和语言交际能力。"以学生为中心"的教学模式强调个性化教学和学生的个性差异。教师需要了解每位学生的学习风格、兴趣爱好、学习目标和学术能力,以便于制订符合个体需求的教学策略和教学计划。通过个性化的教学设计,教师能够更好地激发学生的学习兴趣和动机,提高他们的学习效率和学术成就。"以学生为中心"的教学模式强调教师与学生之间的互动和合作。教师不再是单方面地向学生传授知识,而是通过积极互动和合作关系,与学生共同探索知识、解决问题和应对学习挑战。这种互动可以通过小组讨论、项目合作、角色扮演等形式来实现,从而激发学生的创造性思维和提升批判性思维能力,培养他们的团队合作精神和沟通能力。

"以学生为中心"的教学模式鼓励学生的自主探索和学习。教师的角色是引导和支持学生,而不是简单地告诉他们正确答案。通过提供开放性的学习任务和问题,教师能够激发学生的好奇心和探索欲望,鼓励他们自主地寻找解决问题的方法和策略。这种学习方式不仅能够增强学生的自主学习能力,还能够培养他们的问题解决能力和批判性思维能力。"以学生为中心"的教学模式注重培养学生的语言交际能力。语言教学不仅仅是传授语法和词汇,更重要的是培养学生运用语言进行有效沟通的能力。教师通过情境教学、角色扮演、实践活动等方式,帮助学生在真实和语境化的环境中运用所学语言,提高他们的口头表达能力和书面表达能力,增强语言交际的自信心和流利度。

（二）协作学习策略

协作学习策略作为现代教育中一种重要的教学方式，不仅仅是知识的传授和学习成绩的提升，更是培养学生团队合作、沟通能力和解决问题能力的有效途径。在协作学习的实施过程中，教师扮演着关键的角色，需要精心设计和组织各种协作学习活动，以促进学生的全面发展和学习成效。协作学习策略包括多种形式，如竞争、辩论、同伴互助、合作项目、课堂讨论、角色扮演和问题解决等。这些形式不仅能够激发学生的学习兴趣，还能够促进他们在团队中的角色认知和技能发展。例如，在竞争和辩论中，学生需要通过分析和辩论为自己的观点辩护，同时也需要倾听和理解他人的观点，这有助于培养他们的逻辑思维和口头表达能力。

协作学习环节的关键在于合理分组和有效组织。教师应根据学生的学习目标、学业成绩及个性特点合理分组，确保每个小组内部成员的互补性和合作性。在小组活动中，教师不仅仅是组织者，更是引导者和参与者。他们需要设定明确的任务和目标，指导学生制订学习计划和分工合作，同时监督和评估小组成员的学习进展和成果。协作学习的核心是在小组自学和组内讨论环节中激发学生的自主学习和合作精神。学生通过小组内部的探索、讨论和合作，共同发现问题、研究解决方案，并提升彼此的学习效果。教师可以适时提供必要的指导和反馈，鼓励学生充分发挥各自的潜力和创造性，以达到共同的学习目标。教师在协作学习过程中的角色也包括组间交流和多元评价的组织者。通过组间交流，不同小组之间可以分享彼此的学习成果、经验和见解，促进跨小组的学习互动和知识交流。而多元评价则可以帮助学生全面了解自己在协作学习中的表现和成长，从而提升学生的自我认知和学习动机。

（三）内省策略

内省策略作为学习过程中的重要一环，通过鼓励学习者以日记或周记的形式，对自主学习过程进行反思、记录和总结，从而促进学习者的学习效果和学习策略的优化。这种策略不仅仅是简单记录，更是一种深入思考和自我评估的过程，旨在帮助学习者更清晰地认识和掌握自己的学习状态和方法。内省策略通过日记或周记的形式，要求学习者定期对自己的学习活动进行记录和反思。学习者可以记录自己每天或每周的学习目标、使用的学习策略、遇到的困难及其应对方式，以及取得的进展和成就等。这种记录不仅有助于学习者回顾和梳理学习过程，还能够帮助他们发现和分析自己的学习偏好、学习效率及其影响因素。内省策略强调学习者对自身学习过程的深入思考和自我评估。在记录学习活动的同时，学习者还需要分析每个学习策略的实际效果和适用性，评估其在提高学习效果方面的成效。通过这种深入的内省过程，学习者可以发现和了解自己的学习优势和不足，有针对性地调整和改进学习策略，提高学习效率和学术成就。

内省策略的核心在于学习者对成败的原因进行分析和总结。学习者不仅需要记录和反思学习过程中的成功经验，还要勇于面对和分析失败和挑战。通过分析失败的原因，学习者可以找到改进的方向和策略，增强应对类似情况的能力，同时也提升了自我管理和自我调节的能力。内省策略通过定期评估自主学习的效果，帮助学习者建立起持续改进的学习习惯和意识。学习者可以根据自己的日记或周记总结，制订下一阶段的学习计划和目标，并对之前的学习效果进行量化和比较。这种定期的自我评估不仅有助于学习者监控和调整自己的学习进程，还能够提高他们的学习动机和责任感，使学习成果更加显著和持久。

（四）以计算机网络技术为基础的自主学习策略

随着计算机网络技术的迅速发展，自主学习者在语言学习和其他学科学习中拥有了前所未有的便利和选择。计算机网络技术作为自主学习的基础，为学习者提供了广泛而丰富的学习资源和工具，极大地促进了个性化学习目标的实现和学习规划的优化。计算机网络技术使学习者能够轻松地获取各种形式的学习资料。学习者可以访问丰富的文本资料、学术论文、电子书籍等，这些资源涵盖了从基础知识到前沿研究的各个层次，满足了不同学习者的需求和兴趣。此外，音频和视频资源也为学习者提供了多样化的学习方式，如听力训练、口语表达和实地考察等，有效地提升了语言技能的综合应用能力。计算机网络技术支持学习者根据个人的学习需求和时间安排进行灵活选择和学习。学习者可以根据自身的学习进度和能力水平选择合适的学习路径和课程，不再受制于传统教室的时间和地点限制。这种灵活性使得学习过程更加个性化和高效，学习者能够更自主地安排学习时间和计划学习进程，有助于提高学习效果。

计算机网络技术为自主学习者提供了丰富的学习工具和平台。在线学习平台和教育资源网站如MOOCs、学术论坛和社交媒体群组等，不仅提供了优质的课程内容和学习指导，还促进了学习者之间的交流和合作。学习者可以通过参与在线讨论、加入学习群组或小组项目，与全球范围内的其他学习者分享经验和知识，扩展了学习的视野和深度。计算机网络技术的应用还加强了学习者的学习动机和自主学习意识。学习者通过互联网获取信息和学习资源的能力，激发了他们对知识探索和学习成就的兴趣。同时，面对网络上的信息和资源，学习者需要具备辨别信息质量、自主选择学习路径和方法的能力，这些过程培养了他们的批判性思维和自主学习能力。

第二章 大学英语教学的具体内容

第一节 大学英语基础知识教学

一、大学英语语音教学

（一）大学英语语音教学简述

1. 大学英语语音教学的意义

语音作为语言的基本存在形式，是人类沟通和交流的基石，也是语言本质特征的体现。无论是口头交流还是书面表达，语音都扮演着至关重要的角色。从人类社会的早期起源到现代，语音始终是语言的首要形式，是人们思想和情感传递的关键工具。语音是语言的根基和初始形式。在人类语言发展的早期阶段，人们首先发展和运用的是口头语言，即通过语音符号来进行交流和表达。这种有声语言不仅能够直接传递信息，还能够表达情感和思想，是人类社会形成和发展的基础之一。

语音在个体语言习得过程中具有关键性作用。婴幼儿在语言习得的早期阶段，首先通过"听"声音来识别和理解语音符号与实际事物之间的关系。这一过程被认为是语言习得的基础，通过听觉接收和分析声音，儿童逐步建立起对语言的感知和理解能力。随着儿童心理和生理的成熟，他们能够越来越准确地理解和模仿大人的语音表达。从最初的单个词语到逐步形成的词组和句子，儿童通过反复的听觉输入和模仿学习，逐步掌握语言的结构和用法。这种从"听"到"说"的语言习得过程，为儿童后续的语言运用和表达能力打下了坚实的基础。随着语言能力的增强，儿童不仅能够熟练地运用语言来表达思想和情感，还能够在语言交流中不断提升自己的语言能力。通过与成人和同龄人的交流互动，他们不断提高语言的流畅性和表达的准确性，逐步形成自己独特的语言风格和沟通方式。

语音教学对于英语学习者来说尤为关键，因为它直接影响学习者的语言表达能力、听力理解能力及整体语言学习的效果和深度。在英语教学中，强调"听说领先"的理念正是基于对语音重要性的深刻认识。全面、系统地掌握英语语音是学习者发展语言能力的基础。语音是语言的声音表现形式，通过语音学习，学习者能够准确地听辨和发出单词、短语甚至长篇文章中的语音特征。这不仅有助于他们在语音交流中表达清晰、准确，还直接影响他们的词汇记忆和语法运用能力。奠定良好的语音基础，学生能够更快地适应和理解不同的语言环境，有效提升语言交流的效率和质量。语音与语法、构词法、拼写等语言要素密切相关。准确的语音掌握有助于学习者正确理解和运用英语的语法规则和词汇构成，从而避免语言使用中的误解和不准确表达。良好的语音能力不仅是学习者听力理解的基础，还是他们流利表达和有效沟通的前提。个人的语音是否标准，直接影响到他们在交流中的表达清晰度和理解度。准确的语音可以帮助学习者准确地表达自己的思想和情感，有效避免因发音不准确而引起的交流障碍。这不仅提升了学习者的自信心，也增强了他们在语言交际中的可信度和效果。

2. 大学英语语音教学的现状

（1）发音不标准

语音作为语言学习的基本功，尽管表面上看起来简单，但要做到发音准确却是一项相当具有挑战性的任务。许多教师本身也面临发音不准确的问题，甚至有些教师未能区分英式发音和美式发音，这可能会影响学生的语言学习效果，尤其是对英语母语人士来说，不同的发音可能显得格格不入。解决这些问题的关键在于教师提升自己的语音水平，进行专门的语音培训。通过系统和深入的语音训练，教师能够更准确地掌握和教授语音知识，从而为学生提供准确、地道的语音模型。这不仅能够帮助学生正确认知和模仿语音，还能提升教学的专业性和有效性。教师可以利用现代科技设备，如多媒体和网络来辅助学生练习发音。通过播放录音、视频等形式，学生可以听到标准的语音范例，并进行反复练习和模仿。这种方式不仅可以确保学生听到清晰的发音，还能够帮助他们更好地理解和掌握语音的细节和特点。在教学实践中，正音和正调是十分重要的。教师的准确发音不仅能够帮助学生正确理解和模仿，还能够提升整体的学习氛围和学习兴趣。学生通过跟随教师正确的发音实践，不断改进自己的语音技能，逐步达到更高的语言表达水平。

（2）受母语干扰

在中国的大部分地区，英语课程通常从小学三年级开始开设。尽管如此，许多学生在学习英语时面临发音不标准的问题，其中一个主要原因是汉语和英语在语音系统上存在显著差异。这些差异长期以来造成了学生发音准确性得不到及时纠正的情况。汉语和英语在音素系统上有明显的区别。英语中有 20 个单元音，而汉语只有 10 个。单元音的差异导致学生在尝试发音时经常混淆或出现错误，特别是那些汉语中没有对应的英语特定发音。此外，英语中的辅音数量达到 24 个，而汉语只有 21 个，因此学习者在发音时面临更大的挑战。从音节结构来看，英语单词通常由一个或多个音节组成，而汉语每个汉字通常代表一个独立的音节。这种差异使得学生在尝试拼读和发音时难以适应英语的音节结构，尤其是开音节和闭音节的区分，这是英语语音学习的重要部分。

英语和汉语在重音和节奏方面也有显著不同。英语是一种重音语言，通过重音来标记单词的重要部分，而汉语则更多地依靠音节来表达意义。这种差异导致学生在语音节奏的掌握上经常出现困难，影响到他们的口语流利度和表达自如的能力。解决这些问题的关键在于教师的专业培训和教学方法的优化。教师需要深入了解汉语和英语语音系统的差异，并能够有针对性地帮助学生纠正发音错误。通过系统的语音训练和反复练习，学生可以逐步克服发音上的障碍，提高语言学习的效果和质量。利用现代化的教学资源和技术设备也是提升学生发音准确性的有效途径。多媒体教学可以提供标准的语音示范和实时反馈，帮助学生更直观地理解和模仿正确的发音，从而加速语言学习的进程。

（3）不重视语音教学

准确的语音能力直接影响学生的听说能力和语言交流效果。然而，从我国的英语教学实际情况来看，许多教师往往忽视了对语音教学的重视，这导致了学生在语音方面存在较大的问题。教师对学生语音学习中的发音问题缺乏认真纠正和指导。例如，许多学生将浊辅音错误地发为清辅音，或者在音标的掌握上存在混淆和错误。这种现象不仅影响了学生的发音准确性，还直接影响了他们的听力理解能力和口语表达能力。没有经过系统和有效的语音指导，学生很难建立起正确的语音基础，从而在日常的听说交流中流利地表达自己。教师缺乏对语音教学的持续性和系统性安排，使得学生在发音技巧的掌握上存在较大的局限性。语音教学不应只是在英语学习的初期阶段出现，而应贯穿整个教学过程的始终。通过系统的课堂教学和个性化的发音训练，学生才能逐步提高发音的准确性和自信心，从而有效地应对各种语言交流的挑战。学生若没有打好语音基础，就难以建立字母与语音之间的正确联系。语音教学不仅仅是简单的发音练习，更重要的是帮助学生理解和掌握语音与字母之间的对应关系。这种对应关系是学生理解单词拼写、正确发音及准确听辨的基础，对于语言学习的深入和扎实打下了基础。教师在英语语音教学中的角色至关重要。他们需要通过专业的语音培训和持续的教学实践，提高自身的语音水平和教学能力，确保能够有效地指导学生掌握准确的语音技巧。同时，结合现代化的教学手段，如多媒体技术和网络资源，教师能够创造出更为丰富和有效的语音教学环境，激发学生对语音学习的兴趣和动力。

（二）基于自主学习的大学英语语音教学的革新方法

1. 拼读训练法

拼读是英语学习中至关重要的基础技能，它要求学生能准确地根据字母和音素读出单词的发音。采用有效的拼读训练法可以帮助学生逐步提高发音准确性和语言表达能力。拼读训练法注重从简单到复杂的渐进过程。教师可以从学生已经掌握和熟悉的单词入手，如常见的高频单词或学习者熟悉的词汇。通过这些词汇，学生可以逐步熟悉英文字母在单词中的发音规则，尤其是元音字母和辅音字母的发音。拼读训练通常从单音节词开始。单音节词相对简单，有助于学生快速理解和掌握字母与音素之间的对应关系。在这个阶段，教师可以引导学生注意单词的基本读音，确保他们能够准确而流利地发音。随后，教学逐步过渡到拼读双音节词和多音节词。这些词汇更复杂，需要学生掌握正确的重音位置和强调部分。重音在英语中对于词义和语调的理解至关重要，因此教师在教学中应特别关注学生对重音的准确把握。在进行拼读训练时，教师还应该结合音标的教学。音标能够帮助学生更准确地理解和记忆生词的发音规则，提高他们的听力理解和阅读能力。教师通过训练学生根据音标来读取生词，可以有效提升他们的语音识别能力和语言表达流畅度。拼读训练法强调反复练习和个性化指导。每个学生在发音上面临不同的挑战和难点，因此教师需要根据学生的实际情况进行有针对性指导和辅导。教师利用多媒体教学资源和互动式学习工具,可以更好地帮助学生理解和掌握发音技巧,加深对单词发音规则的记忆和理解。

2. 听音模仿法

在英语语音教学中,听与模仿是学生提高发音准确性和流利度的关键途径。而教师的发音水平和能力对学生的语音学习成绩影响深远。因此,在进行语音教学时,教师需要精心设计教学活动,使学生能够通过观看和模仿来有效地提升他们的语音技能。教师应该安排学生认真观看自己的发音口形,并确保学生能够听清楚和准确。在开始模仿之前,教师需要向学生传授发音的基本要领和方法。例如,教师可以利用音标书上的口腔发音图示让学生熟悉各种发音器官在口腔内的位置和作用。接着,教师可以示范正确的发音,并指导学生仔细观察教师的口形,特别注意嘴唇的张合规律及舌头的位置。学生可以学会调动口腔内的发音器官进行反复模仿和训练。为了加强效果,教师可以安排学生在镜子前进行自我练习,以便他们更好地掌握正确的发音技巧。除了让学生模仿教师的发音,教师还可以利用多种资源来帮助学生提高语音水平。例如,可以播放英语本族语人录制的视频和音频,让学生在课堂上或课后观看和学习。通过听本族语人的发音,学生可以更直观地了解正确的发音方式,并且可以通过模仿来加强记忆和练习。教师还应该关注学生在语音学习中的其他方面,如重音的模仿、基本节奏的模仿、语速的模仿、情感的模仿及不同情境下的语音应用等。这些训练不仅有助于提高学生的语音技能,还能增强他们的语言表达能力和交际能力。

3. 情景教学法

情景教学法在英语语音教学中被视为一种高效的教学策略,其核心思想是通过创设具体情境来帮助学生更深入地理解和应用语音知识,从而提升他们的语音能力和语言交际技能。情景教学法强调将语音教学与具体的情境结合起来。这些情境可以是现实生活中的场景,也可以是虚构的故事或情境。通过引入这些情境,学生能够在情感和认知上更加全面地体验和理解语音知识。例如,教师可以设计一个购物对话场景,让学生在模拟购物过程中学习和使用正确的发音和语音节奏。

情景教学法强调学生的主动参与和实践。学生在具体情境中不是被动接受语音知识,而是被鼓励和引导去实际运用这些知识。例如,在模拟餐厅点餐的情境中,学生不仅需要理解和模仿正确的英语发音,还需要通过实际情境来练习和应用,从而提升他们的口语表达能力和语音准确性。情景教学法通过情绪色彩的引入,激发学生的学习兴趣和参与度。通过创设生动、有趣的情境,教师可以调动学生的情感因素,使其更加投入语音学习中。例如,通过播放一个悬念十足的小视频,让学生在情感上投入角色中,学习和模仿角色的语音表达方式。情景教学法促进了语音知识的全面发展,不仅包括语音的准确性和流利度,还包括语音在不同情境下的适用性和灵活性。学生通过情景教学可以更好地理解语音的语境功能,如在正式场合和非正式场合中的语音差异,从而更加自如地应对各种语言交际场景。

二、大学英语词汇教学

(一)大学英语词汇教学的现状

1. 教学方式陈旧

在大学英语词汇教学中,记忆词汇是学习的基础,但这项任务常常被视为枯燥和单调。如何让学生在记忆词汇的过程中保持积极性,成为教师需要思考和解决的重要问题。传统的词汇教学方式通常集中于教师传授知识,学生被动接受,这种方式虽然有助于学生掌握基础词汇,但缺乏足够的互动和参与,难以激发学生的学习兴趣和主动性。现行的教学方式忽略了学生的主体地位。在传统模式下,教师通常扮演着知识的传授者角色,而学生则处于被动接受状态。这种单向的信息传递模式限制了学生的思维发展和创造性思维的培养。学生缺乏参与感和自主性,难以在词汇学习中实现真正的深度理解和应用能力。传统的词汇教学方式缺乏足够的活动和互动。在课堂上,教师往往通过大量的词汇解释和例句讲解来帮助学生掌握词汇。然而,这种单调的讲解方式很难吸引学生的注意力和积极参与。传统教学方式难以激发学生的学习兴趣和积极性。学习词汇本身就是一个需要大量记忆和重复的过程,如果教学方式单一乏味,学生可能会感到厌倦和抵触。这种消极情绪会影响他们的学习效果和长期的学习动力,甚至可能导致对学习的抵触和逃避。

2. 教学缺乏系统性

英语词汇教学的系统性问题确实是当前教育中的一个显著挑战。从小学到中学再到大学,学生接触的英语课本内容主题广泛,却缺乏一个清晰的系统架构。这种情况导致出现词汇教学的碎片化和学习效率低下的普遍问题。当前教材中涵盖的主题多样,从生活常识到社会道德,从科学知识到历史事件,几乎囊括了社会各个领域。虽然这种多样性可以丰富学生的知识面,但也给词汇教学带来了挑战。由于缺乏一个统一的主题框架,课本中的词汇往往缺乏联系和内在的逻辑纽带,学生在学习和应用这些词汇时难以形成系统性的认知结构和记忆路径。教学方法的单一性也是造成教学系统性不足的原因之一。传统的教学方式侧重于单一的课文解析和词汇讲解,缺乏跨学科和系统性的教学设计。学生往往在被动接受知识的过程中,难以将学习到的词汇应用到不同的语境中,从而限制了他们词汇积累和语言能力的全面发展。词汇教学的缺乏系统性影响了学生的学习效率和学习动机。学生面对繁杂的课本内容和零散的词汇学习任务时,往往感到无从下手和缺乏方向感。这种散乱状态不仅影响了他们的学习兴趣,还可能导致学习效果的低下和学习动力的减退。

3. 学生死记方式不佳

学生为了掌握更多的词汇,通常会采取死记硬背的方式。然而,单纯依靠死记硬背往往难以达到长久和深刻的记忆效果,因为这种方法偏重于记忆表面的形式而忽略了词汇的真正含义和使用场景。实际上,每个词汇都有其独特的语境和语义。只有在具体的语境中,学生才能真正理解词汇的意义和用法。因此,要想提高词汇的记忆效果,学生应该将记忆与语境相结合,通过以下几个方面来实现:①理解词汇的意义和用法是记忆的基础。学生在学习新词汇时,不仅要了解其字面上的意思,还要探究其在不同语境下的用法和含义。例如,一个单词在口语和书面语中可能有不同的用法,只有通过多种语境的学习和应用,才能使记忆更为牢固。②积极参与语境化的学习活动。教师可以设计各种情景化的任务和活动,让学生在实际的交流和互动中使用新学的词汇。这样的活动有助于学生将词汇与具体的场景联系起来,从而更好地理解和记忆单词。③利用词汇在语境中的应用来加深记忆。例如,通过阅读、听力和口语练习等方式,学生可以不断地接触和使用目标词汇,逐渐将其融入自己的语言系统中。重复和实践是加深记忆的有效手段。④通过词汇扩展和联想来增强记忆效果。学生可以尝试将新学的词汇与已掌握的词汇或相关的主题进行联系,通过联想和比较来加深对词汇的理解和记忆。例如,将相似或反义词汇放在一起比较,可以帮助学生更清晰地记忆它们的区别和用法。

4. 学生重数量轻质量

在词汇学习中，数量的积累和质量的把握是两个至关重要的方面，它们相辅相成、相互统一，对学习者的语言能力和表达能力有着深远的影响。理解和平衡这两者的关系，是有效提升词汇学习效果的关键。数量的积累是词汇学习的基础。学生需要通过不断地积累大量的词汇来丰富自己的词汇库。在英语学习中，掌握足够的词汇量是理解和表达的基础，这直接关系到学生能否在不同语境下流畅交流和理解文本。因此，学生需要通过词汇书、阅读材料、词汇表等途径，积极地积累新词汇，并在实际应用中加以巩固和扩展。然而，单纯追求数量而忽视质量是不可取的。质量指的是学生对每个词汇的深入理解和正确运用能力。仅仅记住词汇的拼写和词义是不够的，学生还应该了解词汇的语法用法、常见搭配、语境适用等方面。例如，一个单词可能有多种词性和不同的含义，只有掌握了其多样化的用法，学生才能在实际语言运用中灵活应对，避免误用或死板的表达方式。平衡数量和质量，意味着在词汇学习过程中，学生应该注重深度学习和广度扩展的结合。深度学习强调对每个词汇的透彻理解和熟练运用，而广度扩展则要求学生不断地扩展词汇量，开阔词汇视野，以应对不同场景和需求。在学习实践中，确实存在学生重视数量而轻视质量的情况。一味地追求词汇的积累，而忽略了对每个词汇深入探究和应用的训练，会导致词汇记忆表面化、应用能力欠缺。这不利于学生在实际语境中的语言表达和沟通能力的提升，也容易导致学习过程中出现焦虑和挫败感。

（二）基于自主学习的大学英语词汇教学的革新方法

1. 任务型教学法

任务型教学法是一种以任务为核心的教学方法，特别注重任务的真实性和学生的参与度，将学生置于学习的中心地位，通过真实、自然的任务情境来促进语言学习和应用能力的提升。在英语词汇教学中，运用任务型教学法不仅能有效激发学生的学习兴趣和内在学习动机，还能够达到良好的教学效果。任务型教学法以学生为主体，强调学生在任务完成过程中的参与和主动学习。与传统的词汇教学相比，任务型教学注重学生在实际语境中的应用能力，通过设定贴近学生生活和学习需求的任务，激发他们的学习兴趣和动机。例如，教师可以设计关于日常生活、校园活动或特定主题的任务，让学生在实际情景中运用新学的词汇，从而增强记忆和理解。

任务型教学法强调任务的情境真实性。任务设计应该紧密结合学生的实际生活和学习经验，使学生能够在真实的语言环境中运用所学词汇。例如，设计一个购物对话任务，要求学生使用特定的购物词汇进行角色扮演，这种任务能够让学生在模拟的情境中真实地体验和应用语言，从而增强词汇的记忆和应用能力。任务型教学法通常采用阶梯形任务链。这意味着任务从简单到复杂、从易到难逐步展开，通过逐步挑战学生，激发他们逐步提高的学习动机和成就感。例如，可以先从简单的词汇搭配任务开始，逐渐过渡到更复杂的词汇运用任务，确保学生在完成任务的过程中不断进步。任务型教学法强调学以致用，在做中学。学生通过实际的任务活动学习和掌握词汇，而不是单纯地死记硬背。这种方法不仅帮助学生将词汇应用到实际语境中，还能培养他们解决问题和自主学习的能力。通过任务完成的实际体验，学生能够更深入地理解和掌握词汇的使用方法，从而提高学习的有效性和持久性。

2. 文化教学法

英语词汇教学不是单纯的词汇学习，还涉及丰富的文化背景和语言使用情境。因此，教师在教学过程中融入文化知识是非常重要的，这不仅能够增强学生的词汇应用能力，还能够拓宽他们的文化视野和跨文化交际能力。文化教学法在英语词汇教学中的运用可以帮助学生更深入地理解和记忆词汇。词汇往往与其所属的文化背景密切相关，通过了解词汇背后的文化含义和使用场景，学生能够更准确地理解词汇的含义和使用方式。例如，教授"the Big Apple"这一表达时，教师可以不仅让学生了解它的字面含义，还可以介绍其作为纽约市的别称的背景和起源。学生不仅学会了词汇的用法，还丰富了关于纽约和美国历史文化的知识，使学习更加生动和有意义。

文化教学法能够激发学生的学习兴趣和积极性。学生对于新鲜、有趣的文化信息通常有着强烈的好奇心和求知欲。通过在课堂上引入与课文相关的文化知识，教师不仅能够活跃课堂氛围，还能够吸引学生的注意力，提高他们的学习动机。例如，通过介绍英国的传统节日、美国的历史事件或者澳大利亚的地理特点，教师能够让学生在学习词汇的同时，了解和体验不同国家和地区的文化风貌，从而激发他们的学习兴趣和文化探索欲望。文化教学法有助于培养学生的跨文化交际能力。在全球化背景下，跨文化交际能力成为学生必备的能力之一。通过了解和学习不同文化背景下的词汇使用和习惯，学生能够更好地理解和尊重他人的文化背景，提高他们的跨文化沟通能力。例如，教授关于英国文化的词汇时，教师可以引导学生分析和比较英国与中国的文化差异，从而培养他们的跨文化理解和适应能力。

第二节　大学英语基本技能教学

一、大学英语听力教学

（一）大学英语听力教学的意义

1. 帮助学生巩固语言知识

通过听力教学可以极大地帮助学生巩固和提升英语语言知识，进而有效地构建他们的语言能力和知识体系。听力教学不仅仅是被动地接收语言信息，而是一个积极的信息处理过程，涵盖了理解和输出两个重要方面。听力训练是提高学生听力能力的有效途径。良好的听力能力是理解和应用语言的基础。通过反复听取和理解各种语音、语调和语速的变化，学生可以逐步提高他们的听力技能，从而更准确地把握语言的细微差别和意义。例如，在听取英语对话或者录音时，学生需要辨别语速的快慢、重音的位置及语音的连贯性，这些都是提升听力技能的关键。

通过听力教学可以帮助学生理解和掌握语言的规则和结构。在听的过程中，学生不仅仅是接收语言信息，更重要的是通过理解信息来掌握语法、词汇和语言使用的规则。比如，通过听取不同语境和场景下的英语对话或文章，学生可以学习到各种语法结构的应用方式，积累丰富的词汇用法，并且体会到语言在不同情境中的灵活运用。听力教学还能够促进学生对语言知识的巩固和应用。通过听取真实的语言材料，如录音、广播、电影等，学生能够更加直观地感受到语言的实际运用情况，进而更好地理解语言的使用场景和语言的语境。例如，在听取英语新闻报道时，学生不仅可以了解新闻内容，还能够通过上下文推测不熟悉词汇的含义，增强词汇的记忆和运用能力。

2. 帮助学生形成英语思维

良好的英语思维和语感对于学习英语的学生来说至关重要。而要形成这样的英语思维，听力训练是一个非常有效的途径。通过各种形式的英语听力活动，学生能够逐步培养和加强他们的英语思维能力，这对于提高他们的英语听说读写能力具有重要的促进作用。英语听力活动可以帮助学生熟悉英语的表达习惯和语言特点。英语作为一种语言，其表达方式、习惯用法及语言结构与汉语等其他语言存在很大的差异。通过频繁的听力训练，学生能够逐渐熟悉和理解英语中常用的表达方式和句式结构，从而更加自然地运用英语进行沟通和表达。通过听力活动，学生能够分析和体验中西方语言之间的差异。英语与汉语及其他母语在语法、词汇和语音等方面存在显著的差异，这种差异不仅体现在表达方式上，也影响到思维方式和文化背景。通过听力训练，学生可以积累和比较不同语言之间的语法规则、词汇用法及文化内涵，进而拓宽和丰富自己的语言视野，促进跨文化理解和交流能力的发展。

良好的英语思维能够有效地促进英语听力能力的顺利进行。英语思维的形成使学生能够更快速地理解听到的英语信息，抓住关键词和信息点，从而提高听力的准确性和效率。在听力过程中，良好的英语思维可以帮助学生快速分析和理解语言的语境和意义，进而有效地进行语言交际和信息处理。形成良好的英语思维不仅有助于提高英语听力能力，还能够全面发展英语说、读、写、译能力。学生可以积累大量的语言素材和实际应用场景，这些素材和场景不仅可以用于提高听力能力，还能够帮助学生更好地运用英语进行口语表达、阅读理解、写作创作及翻译实践。

3. 有助于提高学生的语言运用能力

通过听力教学，学生不仅可以接触到真实的语言材料，还能够在听到语言的声音符号信息后进行辨别、理解和重新组合，从而有效地增强其语言运用能力。听力教学为学生提供了丰富和多样化的语言输入。在听力活动中，学生可以接触到不同语速、语调、口音及语境的语言输入。这种多样性不仅有助于学生适应和理解不同的语言风格，还能够扩展他们的词汇量和语法知识。学生可以逐步熟悉各种语言表达方式，提高对语言结构和用法的感知能力。

听力教学有助于学生准确理解和运用语言信息。在现实生活中，人们经常需要通过听力来获取信息和理解对话内容。对学生而言，他们能够提高对语言信息的敏感度和理解能力，从而更加准确地抓住对话的重点、把握语言的逻辑关系，有效地理解和处理听到的语言信息。听力是提高口语表达能力和写作水平的重要基础。语言的表达能力和写作水平往往依赖对语言素材的积累和理解能力。通过听力输入活动，学生能够积累大量的语言素材，这些素材在口语表达和写作过程中可以被灵活运用。比如，学生可以学习到正确的语音语调，丰富的词汇用法，以及丰富的表达方式，这些都可以直接影响到他们的口语表达和写作水平。听力输入为有效语言输出奠定了坚实的基础。在语言学习的过程中，语言输入与语言输出是密不可分的。只有在足够的语言输入基础上，学生才能进行有效的口语交流和书面表达。听力训练不仅提高了学生对语言材料的接收能力，也为他们的语言输出能力提供了坚实的基础。

（二）大学英语听力教学现状

1. 教学模式单一

当前英语听力教学中普遍存在的一个问题是教学模式的单一化。在具体的听力教学过程中，很多教师往往缺乏对学生有效的指导和监督，过于依赖传统的听力训练模式，忽视了学生对语篇整体理解的培养。传统的听力教学模式通常包括简单的听录音、对答案、教师讲解的流程。教师将录音播放给学生听，学生则按照录音内容回答问题，然后教师进行解答和讲解。这种模式虽然有助于学生接触到语言的真实应用场景，但缺乏足够的引导和深度学习，使得学生往往只是机械地进行听力训练，缺乏对语言背景和语篇结构的全面理解。这种单一模式的听力教学未能有效激发学生对英语听力的兴趣和动机。学生在反复听录音并回答问题的过程中，容易产生学习疲劳和乏味感，而丧失对语言学习的积极性。长期以来，这种机械化的听力教学方式不仅没有提高学生的听力水平，反而可能使他们对英语学习失去信心和兴趣。

单一化的听力教学模式也影响了学生对语篇整体解读能力的培养。真正的语篇理解不仅仅是听到语言的表面信息，更需要学生具备分析、推测和总结的能力。然而，传统的听力练习往往偏重于对具体细节的考察，缺乏对语境、逻辑关系和语言整体结构的深入思考和训练。为了解决这些问题，听力教学应当更加注重多元化和个性化。教师可以结合现代技术手段，如多媒体资源和互动式学习平台，设计丰富多样的听力任务和活动。例如，可以引入真实的语境和情景，让学生在模拟生活场景中进行听力练习，提高他们的应对能力和语言适应性。教师还应注重对学生听力技能的系统指导和反馈，不仅要关注学生是否能听懂录音的具体内容，更要引导他们发展批判性思维和推理能力，帮助他们从听力材料中获取更深层次的语言信息，并进行有效的语篇整体理解。

2. 教材脱离实际需求

教材在听力教学中的重要性无可置疑。学生在课堂上接触的听力材料大多来源于教材，因此教材的质量直接影响着听力教学的效果和学生的学习成果。好的听力教材应当具备更新和现代化的特点。随着社会的快速发展和信息技术的广泛应用，教材的内容应当紧跟时代潮流，反映当今社会的多样化和变化。例如，教材可以引入最新的社会话题、科技发展、文化趋势等内容，使学生能够在学习英语的过程中了解世界各地的最新动态，提升他们的跨文化交流能力和应对复杂情境的能力。

教材应当具备多样性和层次性。这意味着教材应当涵盖各种不同类型和风格的听力材料，包括但不限于对话、访谈、演讲、广播节目等，以及不同难度和语速的录音内容。这样能够满足不同学生的学习需求，从初学者到高级学习者，都能够找到适合自己水平和自己感兴趣的内容进行学习和练习。教材应当设计有针对性的实践活动。这些活动不仅限于简单的听力理解和回答问题，还应该包括能够促进学生语言运用能力的听力任务和项目。例如，设计学生进行信息搜集、小组讨论、听写重要信息、进行口语表达等活动，这些活动能够帮助学生在实际中应用他们所学到的听力技能和语言知识，加深对内容的理解和记忆。教材的更新和优化需要引起教材编写者和听力教师的高度重视。教材编写者应当积极采纳最新的教学方法和教育理念，不断更新和完善教材内容。同时，教师在使用教材时应当灵活运用，结合实际教学需要进行适当调整和扩展，以确保教学活动的多样性和有效性。

3. 听力习惯不良

听力理解并非简单地听到声音和词语，而是一个复杂的认知过程，涉及联想、判断、记忆、分析和综合等多种能力。然而，在我国学生中普遍存在的一些听力习惯问题，却可能阻碍他们有效地提高听力能力。许多学生缺乏逻辑思维能力，这导致他们在听力训练中无法有效捕捉非言语提示或利用上下文进行推理。听力材料中常常包含着重要的暗示和线索，但学生如果不具备逻辑推理能力，很难从中正确抽象和推测出信息。这种情况使得他们难以有效处理复杂的听力内容，从而影响了他们的听力理解能力的提升。

一些学生在面对枯燥或不感兴趣的听力材料时，会选择放弃或表现出不积极的态度。英语听力涵盖了广泛的主题和话题，有时候会涉及比较枯燥的内容，如学术报告或新闻报道。然而，这些内容同样重要，因为它们能帮助学生接触到真实的语言使用情境。学生如果仅限于听自己感兴趣的内容，就会错过理解和掌握其他重要信息的机会，影响他们的听力广度和深度。一些学生对听力材料中偶尔听不懂的词语或句子过于纠结，导致在这些地方停滞不前，进而影响了对整体内容的把握。英语听力的目的并非要求学生每个单词都能听懂，而是要求他们能够抓住文章的主旨和关键信息。因此，即使无法理解每个细节，学生也应该尽量保持对整体内容的把握，避免因为一个小问题而影响对整个听力材料的理解。为了克服这些不良的听力习惯，学生需要培养正确的听力策略和技能。他们应该学会通过上下文推理、捕捉关键词汇和信息，以及抓住文章的主题和主要内容。此外，学生还应该保持积极的学习态度，尝试接触不同类型和难度的听力材料，逐步提高自己的听力水平。

二、大学英语口语教学

（一）大学英语口语教学的意义

1. 激发学生的英语学习兴趣

传统的英语教学模式在口语教学中的应用，如"满堂灌"和"一言堂"模式，已经逐渐被认为是陈旧和不够有效的教学方式。这些传统模式通常表现为教师主导的课堂，缺乏师生互动和学生参与的机会，导致学生在口语课上缺乏说英语的实际操作和练习机会。这种教学方法使得学生逐渐失去了对口语学习的兴趣，甚至对口语课的重要性产生怀疑。很多学生表现出积极性不高，注意力难以集中，容易变得过于活泼和好动。然而，近年来随着多样化教学模式的推广和运用，英语教师开始更加注重课堂气氛的营造和学生的参与度。这些新的教学方法更加关注学生的兴趣点和学习风格，通过更互动和参与的教学方式，有效地调动了学生的学习积极性。这种变革不仅提升了英语教学的效率，也显著改善了学生的口语水平。

新型的口语教学模式注重以下几个方面。一是强调学生参与。教师不再是唯一的信息提供者和课堂主导者，更多的是扮演引导者和激励者的角色，在课堂上通过小组讨论、角色扮演、情景模拟等方式，积极鼓励学生进行英语口语表达。这种互动式的教学方法不仅让学生更积极地参与到语言实践中，还能提高他们的沟通能力和表达能力。注重课堂气氛的营造。教师通过活动设计和资源选择创造轻松、愉快的学习氛围，使学生在放松的状态下更愿意开口说英语，如利用音乐、游戏、多媒体等元素来吸引学生的注意力。二是个性化和多样化的教学策略。教师根据学生的不同学习风格和能力水平，灵活调整教学内容和方法。例如，针对口语能力强的学生，可以进行更具有挑战性的口语任务；而对于口语能力较弱的学生，则采取更温和的引导和训练。

2. 培养学生的语感和英语思维

在学生的英语学习过程中，他们常常受到所处的汉语环境和生活背景的影响，这在英语听力理解中尤为明显。许多学生不自觉地从汉语的角度思考问题，导致经常出现英语汉化的现象。然而，随着口语教学的逐步深入和学生在日常生活中使用英语的增多，他们的英语语感得到有效培养。多样化的口语训练使学生的思维更加活跃，从而显著提高了他们的英语综合能力。在口语教学中，为了帮助学生克服英语汉化的问题，教师通常会通过多种方式引导学生从英语的视角去理解和表达。例如，如果学生学习的课文是关于"Where has all my money gone?"的话题，教学大纲可能要求学生探讨金钱管理并找到节省开支的方法。这个话题与学生实际生活息息相关，因为他们经常会遇到生活费不足等问题。在课堂上，教师可以创造适当的情景，让学生在这个场景中使用英语口语交流。这种教学方法不仅使学生能够在实际情境中应用所学知识，还能够表达他们真实的情感和想法，激发他们更大的交流欲望。这种互动和真实的语言使用不仅提高了课堂教学的效果，还充分调动了学生的英语思维和学习动机。

3. 有利于未来的生活和发展

随着全球化的推进，英语作为一门语言已经成为人们工作和学习中不可或缺的一部分。因此，许多雇主在招聘过程中都会高度重视应聘者的英语水平，无论是书面表达能力还是口语表达能力。拥有较高口语水平的学生在求职市场上往往具有明显的竞争优势。随着经济的发展和大学间的国际交流项目增加，许多人在大学期间就有机会获得宝贵的工作机会。这些机会往往是为有所准备的人准备的。

对于一些家庭条件优越或有更高学习目标的学生来说，他们可能认为国内的大学并不是他们追求的最高殿堂，因此早早地就有了出国深造的愿望。然而，学生要实现出国留学的梦想，首先必须具备地道流利的英语口语交流能力。从出国前的英语考试到在外国生活中迅速融入当地社会，直接与当地人进行交流沟通是了解当地文化最快速的方式。而这些都无法仅仅通过肢体语言来完成，因此，掌握良好的英语口语对于有留学打算的学生来说至关重要。事实上，学生的口语学习可以从高中甚至初中阶段就开始。然而，口语的学习和提高并非一蹴而就，而是需要长期的刻苦和持续练习。通过系统的口语练习，学生可以逐步提升听说能力，增强自信心，熟练运用英语进行表达和交流。这不仅有助于学生在学业和职业生涯中取得成功，还能为他们开拓更广阔的国际视野和更多的机会提供坚实的基础。

（二）大学英语口语教学的现状

1. 学生对英语缺乏重视，对口语缺乏兴趣和动力

在很长一段时间里，英语教育体系中的重心主要放在阅读和写作上，而口语测试则相对较少受到重视。这种现象导致学生逐渐失去了对英语学习的热情，特别是对于英语四六级等考试，学生普遍认为口语并不是重要的测试内容，因此对口语课程的学习兴趣与动力也相应缺乏，最终影响了他们在口语课堂上的积极性和参与度。在过去的英语教育体系中，阅读和写作往往被视为学习英语最重要的两个方面。学生在学习过程中主要集中精力于阅读理解文章和写作英语作文，因为这些是英语考试的核心内容，尤其是在高考英语和英语四六级等重要考试中。相比之下，口语测试的分量较轻，往往只是考试的一部分或者辅助部分。这种局面使得学生对口语学习的重要性认识不足，觉得掌握口语能力并不是他们在学习英语过程中必须关注的方面。

由于口语在英语学习中的地位不够凸显，许多学生在学习过程中缺乏实际应用口语的机会和动力。他们可能会认为，只要掌握了阅读和写作的技巧，就足以在考试中取得好成绩。因此，学生对口语课程的投入和学习兴趣逐渐降低，学生在口语课堂上的积极性也相应减弱。然而，随着全球化进程的加速和国际交流的频繁，良好的口语表达能力越来越被社会和用人单位所重视，能够流利、准确地表达思想和

交流信息的能力对于个人职业发展也具有重要意义。因此，在现代英语教育体系中，人们逐渐意识到口语的重要性，开始调整教学内容和方法，增加口语课程的实用性和吸引力，以激发学生对口语学习的兴趣和动力，使其能够全面发展英语能力，应对未来的挑战和机遇。

2. 学生的英语基础薄弱

英语口语教学面临多重挑战。一是学生的英语基础薄弱。许多学生来自偏远地区或教育资源匮乏的学校，导致他们在高中及之前的英语学习并未得到充分重视，英语基础参差不齐。这种情况使得这些学生在大学阶段面对更为复杂和要求更高的口语教学时，显得力不从心，难以有效提高口语水平。二是一些学生的学习动机不足。这些学生进入大学的主要目的是为将来找工作做准备，因此他们可能只关注英语的基本读写能力，对口语表达能力缺乏重视。在口语教学过程中，他们可能缺乏主动性，应付了事，不愿在课堂上积极参与，也不愿课下进行有效的口语练习，这导致了口语教学效果的不佳。三是学生的性格特点也会对口语学习产生影响。一些性格活泼的学生对口语学习充满兴趣，乐于表达自己，愿意冒险说错而不在意；而一些性格内向的学生则可能因为害怕说错而在口语课上表现羞涩，甚至会避免参与口语练习，这种情况在大班授课模式下尤为明显，教师难以逐一关注每位学生的情感变化和学习需求。四是教师的教学方法和课堂氛围也是影响口语教学效果的重要因素。在大班授课模式下，教师往往难以个性化地满足每位学生的学习需求，这使得口语水平的两极分化现象更加明显。部分学生可能因为缺乏自主学习意识，对口语课堂的参与度低，仅依赖教师在课堂上的指导和要求，而在课下缺乏有效的口语训练，导致口语能力长期停滞。

3. 教师口语水平不高

英语口语教学的有效性和质量在很大程度上依赖教师的师资水平。优秀的师资队伍不仅能够为学生提供专业的学习指导，还能成为他们口语学习的榜样和激励。然而，目前我国的英语教师普遍存在一些问题，这些问题严重影响了口语教学的效果和学生口语水平的提高。许多英语教师自身的口语表达能力相对薄弱。一些教师虽然掌握了英语的基本语法和词汇，但在口语表达方面不够流利、自然。他们的语音和语调可能不够标准，这给学生学习英语口语带来了不良的影响，难以帮助学生真正掌握和运用地道的英语口语。部分教师的语言知识更新较为缓慢。随着语言学科的不断发展和语言使用环境的变化，新词汇、新表达方式和新的语言规范不断涌现。然而，一些教师没有足够的时间和精力跟进这些变化，导致他们教授的语言内容可能已经过时或不够贴近实际应用场景，影响了学生的语言学习效果。部分教师的语言技能不够精通。除了口语表达能力，教师在听力、阅读、写作等方面的能力也直接影响到他们在教学中的指导和引导效果。如果教师在这些方面的技能不够精通，他们可能无法有效地理解和解释语言材料，也难以在教学中给予学生全面的语言技能训练。理解英汉文化和思维差异对于有效口语教学至关重要，但这也是一些教师的薄弱环节。了解文化背景和思维方式有助于教师更好地设计课程内容和活动，帮助学生更快地适应和理解英语的语境和表达方式。缺乏这方面的知识会使得教学内容显得缺乏深度和广度，影响学生的语言学习体验和效果。

4. 教学方法陈旧

教学方式的单一和枯燥是影响学生积极参与英语口语学习的重要问题。传统的课堂教学往往集中在词汇教学、音频跟读、角色扮演和话题讨论等基础活动上，缺乏多样化的教学方法和创新的教学手段，导致学生的学习兴趣和参与度不高。课堂教学的单一性主要体现在教学活动的重复和缺乏创新。老师通常依赖传统的教学方式，如通过音频让学生跟读，进行模拟对话或话题讨论。这些活动虽然能够帮助学生练习口语表达和听力理解，但长期以来却使得课堂内容缺乏新意和挑战性，难以激发学生的学习兴趣和积极性。缺乏多媒体技术和互联网技术的运用也是造成课堂教学单调陈旧的重要原因。现代技术的发展为教学提供了丰富的资源和工具，如图片、视频、原版电影、在线语料库等，可以帮助教师创设更为真实和生动的英语口语学习情境。然而，很多英语教室仍未充分利用这些资源，导致学生在课堂上接触的内容和体验较为有限，无法真正体验到语言在实际应用中的丰富性和多样性。教师在布置任务和活动前，往往忽视与学生相关的背景知识和个人兴趣的结合。学生的学习效果和参与度在很大程度上取决于任务的设计和内容的吸引力。如果任务和活动缺乏个性化和与学生实际生活经验相关的联系，学生可能会感到难以产生共鸣，从而影响他们的学习动机和投入程度。

三、大学英语阅读教学

(一) 大学英语阅读教学的意义

1. 有效扩大学生的词汇量

在英语学习过程中，掌握单词是学生必不可少的任务之一，而通过阅读来记忆单词则被认为是一种事半功倍的高效方法。阅读不仅仅是为了理解文本内容，更是为了在语境中学习和应用新单词，从而加深对其意义和用法的理解。阅读提供了丰富的语境，这对于学习单词至关重要。在阅读过程中，学生能够看到单词是如何在具体语境中使用的，包括它们的搭配、语法结构及语用含义。这种上下文的信息帮助学生更深入地理解单词的多重意义和用法，远远超过了简单的词汇表记忆。阅读通过反复出现的单词强化了学生对单词的记忆。在不同的文章和话题中，重复出现的单词会使学生的记忆得到多次强化，这有助于单词从短期记忆向长期记忆转化，增强学生的词汇量和语言表达能力。阅读还能帮助学生扩展词汇量。通过阅读不同主题和类型的文章，学生接触到各种各样的词汇，从常见的日常用语到学术性的专业术语，这些词汇的积累使得学生能够更广泛地理解和运用英语。在实际操作中，教师可以设计有针对性的阅读任务，引导学生在阅读中积累词汇。比如，提供有关学生感兴趣的话题或与课程内容相关的文章，要求学生在阅读过程中标记生词、理解上下文意思，并尝试使用这些词汇进行口头或书面表达。这种任务不仅能增强学生的阅读能力，还能够有效地帮助他们掌握新单词。

2. 有效培养学生的语感

具备良好的语感意味着能够准确地感知和运用语言的各种表达方式，从而实现更加流畅、地道的语言交流和表达。要获得良好的语感，学生需要进行长期、大量的语言接触和持续的思维训练。阅读在这一过程中发挥着重要作用。这些文本涵盖了各种语言风格、修辞手法和语用规则，让学生能够逐步感受到语言在不同情境下的灵活运用和表达效果。阅读帮助学生理解和掌握地道的语言表达。学生不仅要理解文章的内容，还要通过上下文推测词汇和短语的含义及其在句子中的作用。通过频繁地接触和理解地道的表达方式，学生逐渐培养对语言使用的敏感性和准确性。

阅读能促进学生对语言修辞手法的感知和应用。文学作品和各种文章中常用的修辞手法，如比喻、隐喻、排比等，通过阅读可以生动地展示在学生眼前。学生通过阅读能够体会这些修辞手法的表现力和美感，从而在自己的语言表达中有意识地运用和模仿，进一步提升表达的艺术性和感染力。阅读是一种低压力的学习方式。相比于口语交流或写作训练，阅读不对学生产生直接的语言表达压力，学生是在一个相对自主和放松的学习环境中进行。这种低压力的学习状态有利于调动学生的学习兴趣和主动性，使他们更愿意投入长期的英语学习过程中。

3. 帮助学生培养自主学习能力

许多学生习惯性地延续了他们在高中阶段的被动学习模式，这种习惯对于他们的个人成长和未来发展来说是极为不利的。长期以来的被动学习方式使得学生在面对未来社会的激烈挑战时，往往无法有效地学习新知识、掌握新技能或应对新的挑战。而大学英语阅读教学通过系统化的训练，对学生进行引导，目的在于激发学生的学习兴趣，使他们能够从被动的接受者转变为积极主动的学习者，最终成为自己学习过程的主导者。大学英语阅读教学的关键在于帮助学生培养主动学习的习惯和能力。传统的被动学习模式往往使学生习惯于教师的灌输和指导，而没有自主地探索和深入学习的动力。通过系统化的阅读训练，学生可以接触到各种不同类型和主题的英语文本，从中提取信息、分析内容、推断意义，并扩展自己的知识和理解能力。这种过程激发了学生的思维和学习兴趣，使他们愿意更深入地探索和理解文本背后的含义和文化背景。

尽管大学英语阅读课时有限，但课堂上教师的讲授只是学习过程的一部分。为了真正提升阅读能力，学生需要在课后继续加强自主学习。这包括以课上教师讲解的跨文化知识为基础，自主查阅相关资料、阅读更多的英语文章，以扩展和深化对所学内容的理解。定期的复习和扩展阅读可以帮助学生巩固知识，培养阅读习惯，并提高阅读速度和理解能力。大学英语阅读教学也应该注重与其他学科的融合和互动。跨学科的阅读实践可以帮助学生将所学的英语知识应用到其他学科领域，拓宽他们的学术视野和思维方式。例如，结合文学、历史或社会学的阅读，学生可以理解和分析不同文化背景下的文本及其对社会、历史和人类经验的反映。

（二）大学英语阅读教学现状

1. 教学观念不当

阅读教学的核心目标在于培养学生从英语语篇中获取有用信息的能力，这是一种实用的语言技能，能够帮助学生在不同语境下有效地理解和应用英语。然而，当前国内许多高校的英语阅读教学普遍存在一些问题，其中最为普遍的误区就是将阅读教学局限于词汇和语法的传授，忽视了对语篇整体理解和学生阅读能力的真正培养。当前教学中的主要问题在于过分强调词汇和语法点的解释和讲解。教师往往在阅读课堂上将大量时间花费在解释生词、分析语法结构上，而忽略了对整体语篇结构、内容逻辑和文化背景的深入探讨。这种单一的教学方法导致学生对英语文章的整体理解能力不足，仅仅停留在字面理解而缺乏深层次的思考和分析能力。教学中的另一个常见问题是阅读教学被误导为"逐字逐句"的答题和解析过程。这种模式剥夺了学生独立思考和判断的机会，使他们习惯于依赖教师提供的答案和解释，而不是自主地分析和推断文章中的信息。因此，学生的阅读速度和质量难以得到有效提升，阅读能力未能得到真正培养和发展。

2. 教学方法不当

在我国的英语阅读教学中，存在着一些普遍的问题和挑战，这些问题主要源于教学方法和教学理念的局限性。许多教师在课堂上主要采用讲解和分析的方式，对生词、语法和段落进行详细解释，而学生则被被动引导去做笔记、模仿和机械记忆，而且还经常进行句型的教条式操练和单句翻译。这种应试性极强的教学方式，使得学生的主体地位无法突出，难以激发学生的学习兴趣和参与度。结果，学生的阅读习惯、阅读技巧等重要能力得不到有效培养，很难在课堂活动中积极主动地参与，甚至出现听课时心不在焉或打瞌睡的现象，使得教学效果大打折扣，成为"费时低效"的典型体现。另外一个普遍存在的问题是，教师在教学中对所有语言点不分主次，平均用力。这种方法忽略了学生在阅读中必须具备的略读、寻读和猜测词义等重要阅读技能的训练，以及从语篇中获取信息能力的培养。教师将语言教学拆解为独立的语法点和词汇解释，但忽视了学生理解和处理整体语篇意义的能力训练。这种片段化的教学方式不利于学生从整体上理解和应用语言，使得他们在实际应用中难以灵活运用所学知识。

3. 学生阅读习惯不佳

高质量的阅读不仅依赖丰富的词汇和良好的语法理解，还离不开良好的阅读习惯。然而，许多学生在阅读过程中可能养成了一些不良的习惯，这些习惯严重影响了他们的阅读效率和理解能力。以下是一些常见的不良阅读习惯，以及它们可能对阅读理解产生的影响：许多学生在阅读时视野狭小，不以句子为单位，而是习惯于逐字逐词阅读或者只看几个词。这种习惯会导致他们无法理解句子的整体意思，错过了句子结构和语义关系的重要信息，从而影响对文章整体内容的把握。一些学生不能按照文章的顺序进行阅读，而是常常发生跳读或者在换行时不能迅速定焦看清文字。跳读会导致他们错过重要的信息和上下文的逻辑关系，从而影响对文章内容的逻辑理解和结构分析能力。一些学生在阅读时习惯性地将所读内容在心里翻译成汉语，然后再继续阅读后面的内容。这种行为不仅会降低阅读的速度，还会影响到英语思维的连贯性和表达能力，使他们难以真正理解和掌握英语语言的原生特性和表达方式。还有一些学生喜欢在心里默读或者唇读，或者用笔或手指指着阅读，甚至不断回头重复阅读。这些习惯可能反映了他们对阅读理解的缺乏自信，也进一步加深了他们在阅读过程中的焦虑和不安，从而影响了阅读的流畅性和理解的深度。这些不良的阅读习惯不仅影响了阅读的速度和效率，更重要的是，它们直接影响了学生的思维连贯性和对文章整体意义的理解能力。

教师在英语阅读教学中应当积极指出学生存在的不良阅读习惯，并帮助他们克服这些习惯，培养正确的阅读技巧和习惯。教师可以通过示范和引导，教导学生如何以句子和段落为单位进行阅读，强调理解句子结构和语境的重要性，帮助他们从整体上把握文章的意义和逻辑。教师可以引导学生通过预览和预测来提高阅读的整体效率，让他们在阅读之前先了解文章的主题和大意，从而有针对性地进行阅读和信息获取。教师可以组织学生进行定期的阅读练习和小组讨论，以帮助他们提高阅读的连贯性和思维的深度理解，同时加强阅读策略和技巧。教师还应通过积极的反馈和评估机制，及时了解学生的阅读进展和遇到的问题，调整教学方法和内容，确保教学的针对性和有效性，从而帮助学生逐步克服不良的阅读习惯，提高他们的阅读理解能力和英语综合应用能力。

4. 学生缺乏背景知识

在我国，学生普遍存在英语文化背景知识不足的情况，这对英语阅读教学的有效展开构成了一定的障碍。缺乏对英语国家的历史、地理、文化等方面的了解，使得学生在阅读英语文本时难以准确理解其中的文化内涵和语义，这对他们的阅读能力和理解能力形成了一定的制约。举例来说，同一个动物在不同文化背景下可能具有截然不同的含义。以龙为例，在中国文化中，龙具有悠久的历史和文化象征，被视为祥瑞之物，具有权威、力量、才华和吉祥的象征意义。在中国传统观念中，龙是皇帝的象征，象征着皇权和尊贵。然而，在英语文化中，龙的形象则是一种长有翅膀、有爪子、喷火的怪物，通常被视为邪恶的象征，与西方神话和传说中的怪物形象相对应。这种差异反映了不同文化对于同一事物的不同理解和赋予的文化内涵。由于缺乏对英语文化背景的了解，学生在阅读时可能会误解或无法理解文本中涉及的文化元素和隐含的意义。这不仅影响了他们对文章整体内容的理解，还会影响到他们的阅读速度和阅读理解的准确性。因此，教师在英语阅读教学中起着至关重要的作用。教师应当引导学生广泛阅读，积累英语国家的背景知识，包括历史、地理、文化等方面的内容。通过多角度、多层次地了解英语国家的文化，学生可以更深入地理解和把握英语文本中的各种文化元素和语言表达。

第三节　大学英语文化教学

一、大学英语文化教学面临的问题

（一）缺乏跨文化教学理论支撑

我国的外语教学长期以来面临着宏观指导和规划不足的问题，尚未形成具有中国特色的外语教学理论体系。尽管我国常常引进外国的语言教学理论，但这些理论往往未能真正与我国的实际外语教学实践相结合，因而未能有效指导外语教学的推进和提升。在外语教学理论引进方面，我国教育系统经常借鉴并引进外国的教学理念和方法，但这些理论往往难以与我国的具体教学环境、文化背景及学生需求相契合。由于缺乏与国内实际情况紧密结合的理论体系，导致理论与实践之间存在较大的脱节，外语教学效果和教学质量难以得到有效提升。尽管教育部多年来制定和颁布了各类英语教学文化和大纲，但这些大纲往往对文化教学的内容、标准、方法、评价、测试等方面缺乏明确、系统的说明。特别是在文化教学方面，缺乏对其与语言教学同等重要性的认同和强调，使得文化教学在实际教学中常常显得支离破碎，缺乏系统性和深度。在缺乏大纲指导的情况下，教师往往只能在教学时间允许的范围内根据个人兴趣和经验向学生零星介绍一些文化知识，而不能系统地展开文化教学。这种局面不仅影响了学生对外语文化的全面理解和深入掌握，也影响了他们跨文化交际和语言应用能力的培养。

（二）教师教学偏离

教师作为我国英语教学的中坚力量，在塑造学生英语水平和文化素养方面扮演着至关重要的角色。然而，当前我国的英语文化教学中存在着一些教师教学偏离的现象，即很多教师过度强调语言基础知识的传授，而忽视了文化教学的整体规划和深入开展。这种现象的背景是教师面临的教学任务繁重和压力巨大。在应试教育的压力下，教师往往优先确保学生的语言基础和考试成绩，而对于文化教学的深入和系统性规划缺乏足够的时间和精力。这使得文化教学变得表面化和零散化，无法真正对学生的文化意识和跨文化交际能力产生深远影响。许多英语教师本身受到传统语言知识和技能教育的影响较深，对于文化教学的认识和掌握不足。缺乏足够的文化知识和文化意识，这些教师很难在教学中有系统地进行文化教育安排和深入的文化讨论。因此，他们在教学中往往是想到什么内容就讲什么内容，缺乏系统性和条理性，难以使学生对文化有全面和深刻的理解。

教师应当在课堂教学之外鼓励学生在课余时间自主学习相关的文化知识，包括语言文化、非语言文化、观念文化和制度文化等，通过引导学生广泛阅读，观看文化相关的影视作品，参与文化交流活动等，培养学生的文化兴趣和理解能力。教师自身也需要与时俱进，不断学习和更新相关的文化知识。通过参加文化研讨会、阅读文化研究的最新成果，积极参与跨文化交流和合作，教师可以不断提升自己的文化素养和教学水平，将新学习的文化知识有机地融入教学实践中去。教师应当加强与教育部门和学术界的沟通与合作，促进文化教学理念的更新和教学大纲的完善。通过建立明确的文化教学目标、标准和评价体系，制订具体的文化教学课程和教材，为教师提供更加规范和系统的教学指导，从而提高文化教学的有效性和影响力。

(三) 文化教材缺失

目前我国英语教材在文化教学方面存在一些明显的不足，这直接影响了学生对英语国家文化的了解和跨文化交际能力的培养。从教材内容的角度来看，我国目前主流英语教材大多以说明性和科技性文章为主导，这些文章着重于传授语言技能和理论知识，如语法、词汇和科学技术等。相对而言，涉及英语国家文化、思维方式、伦理价值等内容的文章较少。以《新视野大学英语》为例，魏朝夕的统计显示，仅有约12.5%的单元涉及文化相关内容，这显示出文化教学在教材设计中的较低比重。教材中文化因素的缺失导致学生在课堂上难以深入了解英美等英语国家的生活习惯、社会风俗、价值观念和思维特征。这些非语言形式的文化因素对于学习者理解和运用英语语言至关重要。缺乏这些知识和背景，学生可能在交流中产生误解或难以融入跨文化环境中，影响其跨文化交际能力的发展。教材设计的偏向于应试性教育也是一个问题。由于大部分教材设计以应对考试为首要目标，文化教学常常被边缘化或作为附加内容处理。这种倾向使得教学过程过度侧重语言技能的机械训练，而忽略了对学生综合素养的全面培养，包括文化素养在内。

要重视文化教学在英语教育中的地位，明确教学大纲和教材设计中文化因素的比重和要求。通过制定具体的文化教学标准和评价体系，确保每套教材都有足够的文化内容涵盖，以满足学生跨文化交际能力的培养需求。引入多样化的文化教学资源和案例，包括真实的生活场景、文化事件、习俗传统等。教育者应通过教材的更新和多样化设计，使学生能够在课堂上真实地感受和理解英语国家的文化特征，从而增强他们的文化素养和跨文化沟通能力。

(四) 学生学习的主动性不足

在我国的英语教学中，传统的教学模式对学生的影响深远，导致学生在学习过程中普遍表现出依赖性强、主动性差的现象。这种现象不仅在语言学习中显著，也直接影响了英语文化教学的顺利开展与有效实施。在传统的文化教学活动中，教师往往扮演着主导角色，而学生则处于被动接受的地位，对教师所介绍的文化知识往往只是机械地记忆，而非深入理解和运用。学生的依赖性和主动性不足主要源于长期以来教育体制对知识传授的侧重。学生习惯于接受教师的信息和指导，而不太具备自主探索和学习的能力。特别是在文化教学中，这种依赖性更加显著，学生缺乏对文化知识自主发掘和理解的动力，从而无法将文化背景与语言知识有机结合，影响了他们在跨文化交际中的表现。文化教学的核心在于促进学生对英语国家背景和文化特征的理解和接受。然而，过于强调教师的角色和传授文化知识的方式，容易使学生将学习目标局限于表面的记忆和应试技巧，而非真正理解文化的深层次内涵。学生对文化的学习往往是孤立的、碎片化的，难以形成系统性的文化认知和应用能力。

在教师角色方面，应当重视培养学生的兴趣和主动性。教师应通过引导学生参与文化主题的讨论、开展文化活动和项目等方式，激发学生的学习兴趣和自主学习能力。教师应以引导和启发为主，建立起开放的教学氛围，让学生能够自主探索、发现和理解文化的多样性和复杂性。另外，学生对文化教学的轻视往往源于应试教育的压力和目标导向。很多学生将英语学习仅仅视为通过考试的手段，对于文化学习的重视程度不高。这种观念不仅限制了学生对文化深度的理解，也影响了他们在跨文化交际中的实际应用能力。因此，教师需要通过课堂教学和个性化指导，向学生强调文化学习的重要性和必要性。教师可以通过丰富的教学资源、生动的案例分析和实地考察等方式，帮助学生深入体验和理解英语国家的文化内涵，从而增强其文化意识和跨文化交际能力。同时，教师自身也需要不断提升自己的文化素养和教学方法，以更好地引导学生，推动英语文化教学的深入发展和实施。

二、大学英语文化教学的内容

（一）言语文化

1. 与语音相关的文化内容

语音在言语交际中不仅是确保有效交流的基础，还能够展示说话人的文化背景和特征。因此，在大学英语教学中，教授与语音相关的文化内容具有重要意义。这不仅有助于学生理解语音的文化背景，还能提升他们的跨文化交流能力。语音与文化密切相关，反映了不同文化背景下人们对语音的使用和理解方式。每种语音系统都反映了其所属文化社会的特征和价值观。例如，英语中的语音特征可以反映出英美文化中的语言风格、交际习惯及社会身份等因素。通过学习语音，学生可以了解到不同文化中语音的重要性，以及语音如何与文化认同和社会身份联系在一起。

语音特征的差异可以成为理解和识别文化背景的重要工具。在跨文化交流中，对语音的理解和运用能够帮助学生更准确地感知和理解对方的文化背景。例如，通过语音的语调、重音、语速等特征，可以推测说话人可能来自哪个地区或社会群体，甚至可以推断其社会地位和文化身份。文化教育中的语音内容还能够帮助学生更深入地理解和欣赏外语的美感和表现力。不同语音特征代表了不同文化对声音美学的追求和理解。例如，某些语音系统可能更注重声音的音质和节奏感，而另一些则可能更注重语音的表达力和情感传达。通过学习和体验这些语音特征，学生可以拓展自己的语言表达能力，增强语言的感染力和表现力。教师可以通过多种方式将语音与文化内容结合起来，如通过音频材料和多媒体资源展示不同语音系统的应用场景和文化背景。同时，教师还可以组织语音比较和分析活动，让学生积极参与，从而加深对语音与文化关系的理解和感知。

2. 与词汇相关的文化内容

词汇与文化之间的紧密关系是外语教学中不可忽视的重要部分，特别是涉及承载丰富文化内涵的词汇，即所谓的"文化词汇"。这些词汇不仅反映了不同文化对于生活、价值观念和社会习俗的理解，还在跨文化交际中具有重要的表达功能。颜色词汇就是一个典型的例子，它们在不同文化中的象征意义和应用方式截然不同，影响着人们的行为和沟通方式。在汉语中，红色是一种象征喜庆和吉祥的颜色。无论是结婚还是过年，中国人都喜欢用红色来象征幸福和祝福。红色在文化中具有深厚的情感和象征意义，体现了中国人对生活积极乐观的态度。然而，红色也通常被视为警示和危险的象征。例如，to be in the red 意为处于财务赤字状态，表示经济上的困境。这种对红色象征意义的截然不同，反映了不同文化中对颜色的截然不同的理解和运用。

在西方文化中，白色通常象征纯洁、无瑕和清洁。因此，在结婚仪式上，新娘穿着白色婚纱，象征她的纯洁和美好。然而，白色则代表哀悼和丧事，人们在葬礼和丧仪上穿着白色服装以示哀悼。这种截然不同的文化符号背后反映了两种文化对色彩的不同理解和情感表达。教师在教授这类文化词汇时，应当重点讲解词汇背后的文化内涵和象征意义。通过讲解，学生能够深入理解这些词汇在不同文化中的应用和意义，帮助他们在跨文化交际中更准确地理解和运用这些词汇。教师可以通过丰富的例子和真实生活中的场景，使学生逐步领会文化词汇的多样性和复杂性，引导他们在语言学习过程中注重文化背景的理解和应用。

3. 与语法相关的文化内容

每个民族的思维习惯在其语言语法的逻辑结构上都有所体现，这反映了不同文化背景下人们对世界的理解方式和逻辑推理的偏好。西方文化强调理性和逻辑思维，这种倾向在英语语法结构中得到了显著体现。英语注重形式合理，重视句子结构的逻辑性和完整性，善于通过各种连接手段使语言表达更加清晰和条理分明。相比之下，汉民族重视悟性和辩证思维，这种思维方式在汉语语法结构中表现为更多地依赖语意和上下文来组织词语和句子。在英语语法中，句子的形式和结构被认为是语义和逻辑思维的延伸。英语语法注重句子的结构完整性和语法规则的应用，如使用各种连接词（如 and，but，because 等）来清晰地表达思想，从而使得句子逻辑紧凑、结构清晰。这种注重形式合理的特点有助于英语在国际交流中的通用性和准确性，能够有效地传达信息，避免歧义和误解。

相对而言，汉语语法更强调意合，即通过上下文和语境来理解和表达意思。汉语的语法结构相对灵活，连接词的使用相对较少，而更多依赖词语之间的内在逻辑关系和上下文的语意来进行表达。这种语法特点反映了汉语中悟性和辩证思维的文化倾向，即更加注重整体理解和综合推理。对于学习者来说，了解中西方在思维习惯上的差异对于学习英语语法至关重要。通过理解不同文化对语言逻辑的偏好和表达方式，学生能够更深入地学习和掌握英语语法规则，避免中国式英语的错误。例如，学生可能会倾向于使用直译汉语句式或使用不合适的连接词来表达意思，而理解英语语法的逻辑结构可以帮助他们更准确地运用语言，提高语言表达的清晰度和准确性。

（二）非言语文化

1. 副语言

副语言，也被称为"辅助语言"，是指伴随话语发生或对话语有影响的有声现象。副语言现象包括音高、语调、音质等超出语言特征的附加现象。此外，喊、叫、哭、笑、叹气、咳嗽、沉默等也可以看作是副语言现象。副语言不仅丰富了语言的表达，也在不同文化中具有不同的含义，因此学习和掌握这些语言之外的副语言现象有助于我们更好地理解说话者的意图。例如，音高和语调在传达情感和态度方面起着至关重要的作用。在某些文化中，升调可能表示疑问或不确定，而降调则可能表示陈述或肯定。此外，音质也能反映说话者的情绪状态，如愉快、愤怒或悲伤。因此，理解和运用这些副语言现象可以增强我们的交流效果，使我们更准确地传达和接收信息。

一个典型的副语言现象是沉默，它同时也是一种非言语交际方式。沉默在不同文化中有着不同的解释和意义。在英美文化中，沉默通常被视为一种不礼貌的行为，常常带有负面的消极含义。英美人倾向于认为沉默代表漠不关心、冷漠、反对或者蔑视，因而在与西方人交谈时应尽量避免长时间的沉默，否则可能造成对方的误解，甚至引起不必要的矛盾和冲突。举例来说，在英美的商业会议中，沉默可能会被解读为缺乏意见或对议题不感兴趣，这样的误解可能影响到工作的进展和人际关系的融洽。然而，沉默却有着不同的含义，它可以表示顺从、赞成、默许、敬畏等积极的意思。例如，在中国的家庭或工作场合中，年长者或上级讲话时，年轻人或下属保持沉默是一种尊重的表现，表示他们在认真聆听和思考。沉默在这种情况下不仅不会被视为消极，反而被看作是良好教养和谦逊的表现。此外，在中国的文化背景下，沉默有时也被用作一种策略，用来表达对复杂问题的深思熟虑，或在不确定的情况下避免仓促表态，从而保护自己的立场。副语言的多样性和复杂性表明了其在跨文化交际中的重要性。通过了解和掌握不同文化中的副语言现象，我们可以更好地适应和应对不同的交流情境，避免误解和冲突。例如，在与西方人交流时，我们需要意识到他们对沉默的敏感性，适当表达我们的观点和感受；而在与中国人交流时，我们则需要理解沉默的积极意义，给予对方足够的思考和反应时间。

2. 体态语

体态语（body language）包括基本姿势、基本礼节动作及人体部分动作所提供的交际信息。对体态语的认识和把握对于成功地进行跨文化交际非常重要。由于不同文化中动作的习惯和解释各异，因此在教学中教师要引导学生关注并用心领会这些差异。在学习的过程中，教师应有针对性地强调中西体态语的不同之处，让学生能够更深刻地理解这些差异，从而提高跨文化交际能力。例如，跺脚在不同文化中的含义就存在显著差异。跺脚通常表示不耐烦，是一种轻微的不快或焦躁的表现。比如，当一个人在排队等待时感到时间过长，他可能会跺脚以示不耐烦。然而，在汉语文化中，跺脚的情感强度则要高得多，通常表示气愤、恼怒、灰心、悔恨等强烈情绪。例如，一个人可能因为错过重要机会而跺脚，表达他内心的强烈懊悔和沮丧。这种情感强度的差异在跨文化交际中如果双方不了解，可能会导致误解和不必要的冲突。在表示让对方过来时，中美两国的手势也有明显不同。在中国，表示让对方过来时，人们习惯冲着对方手心向下，几个手指同时弯曲几次。这种手势被视为礼貌且亲切的表示。而在美国，人们则会冲着对方手心向上，握拳，食指弯曲几次，类似于勾手指的动作。这一手势在中国文化中可能被视为不礼貌或命令式的，因此在跨文化交际中，了解并适应这些差异至关重要。

其他一些常见的体态语差异也需要注意。例如，眼神交流在西方文化中被视为诚实和自信的表现，而在某些亚洲文化中，过多的眼神交流可能被视为不尊重或挑衅。同样的，微笑在西方常常表示友好和礼貌，而在一些文化中，微笑可能传达不同的含义，如尴尬或礼貌性的无奈。因此，在教学中，教师应引导学生认识到这些差异，并通过实际练习帮助学生掌握如何在不同文化背景下恰当地运用体态语。为了更好地理解和掌握体态语的文化差异，教师可以采用多种教学方法。例如，通过观看跨文化交流的视频，学生可以直观地感受和比较不同文化中的体态语表达。角色扮演也是一种有效的方法，学生可以模拟不同文化背景下的交际情境，体验并反思体态语的使用。此外，邀请来自不同文化背景的交流者开展讲座或互动，也可以帮助学生更深入地理解体态语的多样性和复杂性。

三、大学英语文化教学的原则

（一）"以学生为中心"原则

"以学生为中心"的教学原则应贯穿英语教学始终，因此在大学英语文化教学中也应坚持这一原则。具体来说，在大学文化教学中，教师应尊重学生的主体地位，以培养学生的自主学习能力为中心，引导学生感受和领悟语言与文化，进行文化体验，促使学生进行知识与意义的内在建构。尊重学生的主体地位意味着教师应关注学生的兴趣和需求，鼓励他们主动参与到学习过程中。教师可以通过调查问卷、课堂讨论等方式了解学生对文化主题的兴趣，并据此设计课程内容和教学活动。比如，在讨论跨文化交际时，可以让学生分享他们在实际生活中遇到的跨文化交流经验，通过实际案例来引导学生进行深刻思考和讨论。这种方法不仅能提高学生的参与度，还能增强他们对所学知识的理解和应用能力。培养学生的自主学习能力是以学生为中心教学的核心目标之一。在大学英语文化教学中，教师应鼓励学生自主选择学习材料和学习方式。比如，教师可以推荐一些关于英美文化的电影、纪录片、小说等，供学生自主选择并在课后观看或阅读，然后在课堂上进行讨论和分享。通过这种自主学习的方式，学生不仅能够加深对英美文化的理解，还能培养他们的独立思考和分析能力。教师应注重引导学生进行文化体验，以帮助他们更好地理解和领悟语言与文化的内在联系。例如，教师可以组织模拟跨文化交流活动，让学生扮演不同文化背景下的角色，通过角色扮演体验不同文化的交际方式和礼仪。这种体验式学习不仅能增强学生的文化敏感性，还能提高他们的跨文化交际能力和应变能力。

在设计教学内容和安排教学活动时，教师还应考虑各种因素对学生的影响，不仅要关注英语语言知识的学习，还要注重学生对本族语和本族文化的理解和体验、对目的语文化的态度、学生个人的综合素质等。教师可以通过比较中西文化差异的教学活动，引导学生反思自己的文化观念，培养他们的文化自信和开放的态度。例如，在讲解英美文化中的节日时，教师可以同时介绍中国的传统节日，并引导学生进行比较，探讨不同文化背后的价值观和社会习俗。教师应关注学生的个人综合素质，培养他们的批判性思维和创造力。可以设计一些开放性的问题和项目，让学生通过团队合作和自主探究来完成。例如，可以让学生制作关于中西文化差异的专题报告，或者策划一场模拟国际会议，通过这些活动，学生不仅能加深对文化知识的理解，还能提高他们的团队合作能力、沟通能力和创新能力。

（二）对比性原则

对比法是英语教学的重要方法，因此在英语教学中应坚持对比原则，这在文化教学中同样适用。中西语言和文化存在各种各样的差异，只有通过对本土文化与英语国家文化的对比，并分析二者的差异性，才能在学习过程中时刻注意文化因素，培养学生的文化意识。需要注意的是，语言文化间的对比并非简单的基于行为主义的对比分析假说，而应基于认知心理科学理论，从正负迁移、推论、转换等各方面研究母语对二语的迁移及彼此之间的相互作用，并对比其异同。在文化教学中运用对比法有助于学生更深入地理解中西文化的差异。例如，通过对中西方节日的对比，学生可以了解不同文化中的价值观和社会习俗。在讲解圣诞节和春节时，教师可以引导学生比较这两个节日的庆祝方式、背后的文化意义和家庭在节日中的角色。通过这样的对比，学生不仅能学到具体的文化知识，还能理解这些文化现象背后的社会心理和价值观念。对比法能够帮助学生更好地掌握语言的使用规则。例如，汉语和英语在语法结构、词汇使用、语用规则等方面都有显著差异。通过对比分析这些差异，学生可以更清晰地认识到两种语言在表达方式上的不同，从而避免在英语学习中出现母语迁移导致的错误。比如，在汉语中，时间表达通常放在句首，而在英语中，时间表达往往放在句尾。通过对比这样的语序差异，学生可以更好地掌握英语句子的正确结构。同时，对比法也有助于培养学生的跨文化交际能力。通过对比中西方的礼仪、价值观和思维方式，学生可以更好地理解和尊重不同文化，增强跨文化交际的敏感性和适应能力。例如，中西方在表达意见和处理冲突时的方式有很大不同。中国人倾向于通过委婉和间接的方式，而西方人则更直接和坦率。通过对比这些交际方式，学生可以学习在不同文化背景下如何更有效地沟通。

在应用对比法时，应基于认知心理科学理论，从正负迁移、推论、转换等各方面进行研究。正迁移指的是一种语言中的知识有助于另一种语言的学习，如英语中的"polite"和汉语中的"礼貌"在某些语境下可以互相迁移，帮助学生理解词义。而负迁移则指的是一种语言中的习惯用法在另一种语言中导致错误，例如，汉语中常用的"吃饭了吗？"作为问候语，如果直接翻译成英语（"Have you eaten？"），则会让英语母语者感到困惑。推论和转换也是对比法中的重要环节。推论指的是根据已知信息推测另一种语言中的规则或现象，而转换则是将一种语言的表达方式转化为另一种语言的方式。例如，学生可以通过推论理解英语中的动词时态变化规则，并通过转换练习将汉语的表达方式转化为英语表达。具体来说，对比性原则要求做到以下几点。

1. 基于多元文化的背景特色

通过对本土文化、本族文化及英语文化等不同文化之间进行对比，有助于加深学生对英语国家文化的理解和认知，同时逐步了解英语国家的价值观、思维方式、生活习惯和人生观等层面的差异。这不仅可以避免出现狭隘的民族主义，也可以克服民族虚无主义，并有助于提升不同阶段学生的文化理解能力。通过对比不同文化，学生能够更清晰地认识到各自文化的独特性和共性。了解英语国家的文化，不仅仅是学习语言本身，更是理解其背后的文化逻辑和社会习俗。例如，通过对比中国和英语国家的节日习俗，学生可以发现虽然节日的形式和庆祝方式不同，但其中都蕴含着对家庭、友谊和团结的重视。这种文化共性的发现，可以帮助学生在跨文化交际中找到共鸣，增强文化认同感和交流的信心。文化对比有助于学生理解和接受不同的价值观和思维方式。例如，在英语国家，个人主义和独立精神是非常重要的价值观，而在中国，集体主义和家庭观念则更为突出。通过对比这些价值观，学生可以更好地理解英语国家人在决策和行为上的逻辑，避免因文化差异而产生误解和冲突。同时，学生也可以反思自己的文化观念，理解不同文化背景下的行为和思维方式，从而培养开放和包容的心态。

通过文化对比可以帮助学生了解英语国家的生活习惯和日常行为规范。例如，英语国家的人们在公共场合更加注重隐私和个人空间，而在中国，人们更习惯于集体活动和亲密互动。了解这些生活习惯的差异，有助于学生在跨文化交际中更好地适应和融入不同的社会环境，避免因为不熟悉文化习俗而造成的尴尬和误解。教师可以设计多种多样的文化对比活动，以帮助学生更深刻地理解和体验不同文化。例如，可以组织学生观看英美文化的电影或纪录片，然后与中国的相应题材进行对比讨论；或者让学生分组进行研究，比较中西方在某些特定领域（如教育、医疗、家庭观念等）的文化差异，并进行汇报和交流。学生不仅可以积累丰富的文化知识，还能在互动中提高语言表达和跨文化交流的能力。文化对比也能帮助学生克服狭隘的民族主义和民族虚无主义。狭隘的民族主义往往会导致对其他文化的排斥和误解，而民族虚无主义则会导致对自身文化的否定和失去自信。通过对比学习，学生可以更好地理解和尊重不同文化的价值，既不盲目崇拜西方文化，也不贬低自己的本族文化，从而建立起正确的文化观和自信心。

2. 通过对不同文化进行对比

学生通过对不同文化的对比，可以在英语国家的文化中找到自身文化的独特之处，从而培养出文化思辨能力。这种能力不仅有助于学生辨别哪些文化是可接受的，哪些是不可接受的，同时也能帮助他们在不同文化的碰撞中吸取精华，提升自身素质和能力。通过文化对比，学生可以更清晰地了解自身文化的独特性和价值。

每一种文化都有其独特的历史背景和社会习俗，这些都是在漫长的时间中形成的。通过学习和比较英语国家的文化，学生可以认识到自己文化中的独特传统和习俗，这有助于他们增强民族自豪感和身份意识。例如，中国的节日如春节、中秋节等有着丰富的文化内涵，而这些节日的庆祝方式和背后的故事可以与西方的圣诞节、复活节等相对比，从而加深对自身文化的理解和认同。文化对比有助于学生培养文化自觉和文化自信。文化自觉是指对自身文化的深刻认识和理解，而文化自信则是对自身文化的肯定和自信。学生往往会遇到许多与自身文化不同的现象和习惯。通过理性地分析和比较，学生可以更加客观地看待这些差异，避免盲目地否定或崇拜某一种文化，从而形成理性、开放的文化态度。例如，西方国家的个人主义文化与中国的集体主义文化存在显著差异，学生可以通过对比分析，既理解个人主义在鼓励创新和个人发展的优势，也认识到集体主义在社会凝聚力和家庭关系中的重要性，从而在不同的文化背景下找到平衡点。

文化对比还可以帮助学生提高语言交际能力和跨文化交际能力。语言是文化的重要载体，学习一种语言的过程也是了解和融入其文化的过程。学生可以更好地理解英语国家的人们在特定情境下的语言使用和交际方式，避免在交流中出现文化冲突和误解。例如，人们在表达观点时通常更直接，而在中国，人们可能会更委婉地表达自己的意见。通过了解这些差异，学生可以在不同的文化背景下调整自己的表达方式，提高语言交际的有效性。文化对比对于克服中国传统文化失语症也具有重要意义。所谓"中国传统文化失语症"，是指在全球化的进程中，一些中国学生在学习和使用外语的过程中逐渐忽视甚至遗忘了自己的传统文化。学生不仅可以在学习英语的过程中保持对中国传统文化的关注和热爱，还可以将中国文化的精华传递给世界，成为中外文化交流的桥梁。

3. 通过对两种文化进行对比

在全球化日益深入的今天，跨文化交际能力的重要性日益凸显。通过对两种文化的对比，学生能够进一步加深对不同文化的理解，这不仅有助于他们习得不同的语言文化知识，还能帮助他们避免在交际中出现障碍，并促进其跨文化意识和交际能力的培养。学生可以更深入地了解不同文化的内涵和差异。这种对比比较的不仅是表面的习俗和礼仪的差异，还是深入到价值观、思维方式和行为准则等深层次的文化元素的比较。例如，家庭和集体的利益往往被置于个人利益之上，而在西方文化中，个人主义和自我表达被高度重视。通过这种对比，学生能够更好地理解这些文化差异背后的历史和社会背景，从而培养出一种批判性和开放性的思维方式。

文化对比有助于学生在学习和使用语言的过程中更加准确和恰当地进行交流。语言是文化的载体，不同的文化背景对语言的使用有着深刻的影响。通过对比不同文化中的语言表达方式，学生可以更好地掌握在特定情境下应该如何使用语言，从而避免出现由于文化差异导致的交际障碍。例如，直接表达意见和感受是一种普遍接受的交际方式，而在中国，委婉和含蓄的表达则更为常见。通过对比，学生能够学会在不同文化背景下选择合适的语言表达方式，提高沟通的效果和效率。学生可以培养出跨文化意识，这对于提升他们的跨文化交际能力至关重要。跨文化意识是指在面对不同文化时能够理解、尊重和包容其差异的能力。这种意识不仅能够帮助学生在跨文化交际中更加灵活和自如地应对各种情况，还能增强他们对自身文化的认同和自信。例如，学生在了解西方文化中的独立精神和批判性思维的同时，也可以更加珍视中国文化中的团结精神和集体主义价值，从而形成一种更加全面和均衡的文化观念。学生可以在实际的跨文化交流中更加游刃有余。跨文化交流的机会越来越多，无论是在学术交流、商务合作还是日常生活中，理解和尊重不同文化都是成功沟通的关键。通过深入了解两种文化的差异和共性，学生能够更好地预测和应对跨文化交流中的潜在挑战，从而在全球化的舞台上发挥更加积极和有效的作用。

（三）分别组织原则

分别组织原则强调根据具体情况和学生个体特点，有针对性地安排不同类型的活动，以达到最佳的教学效果和学习体验。英语跨文化活动通常包括大型集体活动、小组活动和个人活动三种形式，它们相互作用、相辅相成，构成了完整的教学体系。大型集体活动是英语文化教学中不可或缺的一部分。这些活动如英语文化节、主题演讲等，通常能够吸引整个班级甚至学院的学生参与，为学生提供一个共同体验和学习英语文化的平台。然而，大型集体活动的成功和效果往往依赖小组活动的质量和准备工作。小组活动是英语跨文化教学中的核心。通过小组活动，如会话小组、表演小组或戏剧小组，学生能够更深入地参与和实践，发挥个人的才能和语言能力。教师应根据学生的英语水平和兴趣，合理地组织小组，确保每个小组都能有效地达到教学目标。小组活动的成功往往能够极大地提升整体教学效果，同时为学生提供互动和协作的机会。个人活动在英语文化教学中同样具有重要作用。这些活动可能包括个人作业、阅读任务或自主学习项目，帮助学生在个体层面上加深对英语文化的理解和掌握。个人活动的质量和深度直接影响到整体学习成效，教师应该关注每个学生的个体发展，并在教学设计中合理地融入个人活动。在实施分别组织原则时，教师应该综合考虑这三类活动的关系和互动，以确保它们在教学过程中相互配合、相互促进。合理安排和组织这些活动能够有效提升跨文化教学的效果，使学生在语言技能和文化理解上都得到全面发展。

（四）因材施教原则

因材施教原则在教育实践中被广泛认可和应用，特别是在大学英语文化教学中，其重要性更为突出。这一原则强调教师应根据学生的个体差异和特点，量身定制教学方法和策略，以达到最有效的教学效果。学生的思维模式、价值观念、世界观及背景文化等因素对学习过程产生深远影响，因此理解并应用因材施教原则至关重要。大学英语文化教学不仅仅是语言技能的培养，更是文化意识的塑造和跨文化能力的提升。每位学生在文化体验上存在差异，他们的语言学习动机、学习方式及理解能力各不相同。举例而言，一个有着深厚文学背景的学生可能更喜欢通过文学作品来理解目的语文化，而一个对音乐或电影更感兴趣的学生则可能更倾向于通过这些媒介来感知文化差异。因此，教师在设计课程时应考虑到学生的个体喜好和学习风格，有针对性地选择教学内容和方法，从而激发他们的学习兴趣和积极性。

因材施教原则还体现在教师对学生价值观、思想情感的尊重和理解上。在跨文化教学中，学生可能会面对自身文化认同和目的语文化的对比与冲突，这时候教师的角色更像是文化导师和引路人。教师应倾听学生的个人体会，尊重他们的文化背景和观念，鼓励他们以开放的心态接纳和理解不同的文化视角。例如，一些学生可能对目的语文化持怀疑态度，而另一些则可能因此感到自豪和兴奋。教师应通过开放性的讨论和互动，引导学生们逐步建立起跨文化交流和理解的桥梁，培养他们对文化的敏感性和包容性。因材施教也意味着教师要根据学生的语言水平和能力水平调整教学内容的难度和深度。这种个性化的教学方法能够更有效地帮助学生消化和吸收知识，避免因教学内容过于简单或复杂而导致的学习挫折。通过灵活运用不同的教学手段和资源，教师可以为学生创造一个既有挑战性又具有成就感的学习环境，从而激发他们的学习潜力和自信心。

（五）以理解为目标原则

以理解为目标的教学原则在大学英语文化教学中具有重要的指导意义和实施价值。这一原则强调教育应以文化知识为出发点，通过培养学习者的文化意识，最终达到深刻的文化理解，使他们能够在跨文化交际中表现得得体并且有效。文化知识的传授是文化教学的第一步。学习者通过掌握目的语文化的基础知识，如历史、传统、价值观念等，开始逐步了解和认识这一文化体系。例如，在学习英语文化时，学生可能会学习到英国的历史背景、皇室制度、文学经典等，这些知识为后续的文化意识的培养奠定了基础。

文化意识的培养是文化理解的基础。文化意识指的是学习者对不同文化之间差异的敏感性和理解能力。通过比较母语文化和目的语文化的异同，学生开始意识到文化背景对人们思维方式、价值观念及社会行为的深远影响。这种意识不仅仅是对知识的接受，更是对自身文化局限性的认知，从而打开心智，接纳多样性和差异性。文化理解是学习者以客观、正确的态度看待和理解目的语文化，并能够以适当的方式参与到跨文化交际中的能力。这需要学生具备跨文化沟通的技巧和敏感性，能够在与非本族语者的交流中避免误解和冲突，实现有效的信息传递和文化互动。例如，学生通过理解英国人的礼貌习惯和语言使用规范，可以更好地融入英语国家的生活和工作环境中，促进跨文化合作和交流的顺利进行。以理解为目标的教学原则不仅有助于学生在语言技能上的提升，更重要的是培养他们的文化智慧和全球视野。在当今全球化的背景下，跨文化交流和合作已成为不可或缺的能力。只有通过对不同文化的深入理解，学生才能在国际舞台上胜任复杂多变的社会角色，为世界和平与发展做出积极贡献。

在进行大学英语文化教学时，教师应避免简单的知识灌输和行为模仿，而是通过深入的文化分析和解释，帮助学生认识目的语文化与其本族文化之间的异同及其背后的渊源和生成原因，这是非常重要的教学方法和原则。文化教学不应仅仅停留在传授目的语文化的表面知识和习俗上，而应深入到背后的历史、价值观念及社会背景等因素。举例来说，当教授美国社会对待老年人的态度时，不能简单地用中国文化的角度去评价。在美国文化中,"老年人"可能被视为生活能力减退、精力衰退的象征,因此使用"senior citizens"来替代"老年人",体现了一种尊重和关怀的文化观念。这种现象的产生不仅仅是语言上的差异,更反映了背后深层的文化认知和社会实践。通过对这些背景因素的分析和解释,学生能够更全面地理解和接受目的语文化的特点和行为模式。评价学生对目的语文化的学习应注重他们的共情能力,而非简单地接受或排斥。共情能力指的是学生能够从目的语文化的角度出发,理解其背后的文化逻辑和社会需求。例如,在教学中强调学生理解美国人对待老年人的背景和文化价值观,而不是单纯地判断这种态度是否正确或错误。只有通过深入的文化理解,学生才能够准确地解读并适应不同文化中的言行举止,从而提升跨文化交际的能力。教学要通过对文化现象产生的渊源和背景的深入研究,帮助学生更好地理解和学习文化知识。文化现象的生成常常受到历史、地理、经济、宗教等多种因素的影响,这些因素共同塑造了一个文化体系的独特性。例如,在讲授英国的骑士精神时,需要理解其源于中世纪的封建体制和荣誉观念,而不仅仅是停留在其表面的历史故事和传说。通过深入研究这些文化渊源,学生能够更深入地理解和评价文化现象的现实意义和影响。

(六)循序渐进原则

文化知识不仅是一组事实和习俗的简单集合,它也构成了一个复杂的科学体系,涵盖了历史、价值观、社会结构等多个方面。教师应当遵守循序渐进的教学原则,合理安排不同阶段的学习内容,以便学生能够逐步深入理解和掌握目的语文化的多样性和复杂性。文化教学的初始阶段应注重日常生活中的主流文化。这一阶段的教学内容可以涵盖目的语社会的基本习俗、节庆活动、饮食习惯等,帮助学生建立起对目的语文化的基本认知。例如,教授美国的主流节日如感恩节、独立日等,让学生了解这些节日的历史背景、庆祝方式及背后的文化意义,为他们进一步的文化学习打下基础。

中间阶段的文化教学可以着重于文化差异带来的词语内涵和运用差异。这一阶段可以通过比较分析,让学生了解不同文化背景下同一词语的多义性和语用差异。例如,探讨英语中的礼貌用语在不同语境中的运用方式和含义,让学生意识到文化背景对语言使用的影响,从而提高他们的语言敏感性和跨文化交际能力。高级阶段的文化教学应该涉及更深层次的内容，包括文化差异所导致的思维方式、心理模式及语言表达方式等。通过深入讨论和案例分析，学生可以更全面地理解和评估目的语文化中的文化逻辑和社会行为规范。例如，探讨英美法律体系中的文化背景及其对法律实施和公众行为的影响，让学生从制度到实践，逐步理解目的语文化的复杂性和多样性。

第三章　大学英语教学理念与理论基础

第一节　建构主义下的课程设计理念

一、基于建构主义的课程设计理念转变

(一) 由静态到生成：建构主义知识观

基于建构主义的知识观，课程设计不再将知识视作静态且绝对的实体，而是认识对象的动态生成。这种理解挑战了传统教育中将知识视为固定、教学活动仅仅是将知识传授给学生的做法。在建构主义的课程设计中，知识被视为与环境和认识者的互动中不断演变和重构的产物。建构主义强调知识的生成性。知识不是对客观世界的简单反映，而是通过认知主体的积极参与和主动建构形成的。课程设计的目的不在于简单地将预先确定的知识内容传授给学生，而是通过"弹性的"和"灵活的"设计，激发学生的探索精神和创造力。例如，在学习历史时，不仅传授事件和日期，而且通过讨论和项目式学习，让学生自主发现和解释历史事件的多重因果关系和影响。

建构主义的课程设计强调师生共同参与和学生的主动学习。教师不再是单方面的知识传授者，而是引导者和促进者，通过与学生的互动和合作，激发他们的学习兴趣和自主学习能力。课堂上的活动设计不再是简单地向学生提供信息，而是鼓励他们参与讨论、实验和解决问题的过程。这种参与性的教学方法可以有效地增强学生的批判性思维和问题解决能力。基于建构主义的课程设计是一个动态的过程，不同于传统的课程标准和教学大纲的刻板实施。课程设计的具体内容和形式会随着教学活动的变化和学生的需求而灵活调整。这种灵活性使得教育过程更加贴近实际，

具有针对性,并能够更好地响应社会和学生的变化需求。

(二) 由目中无人到以人为本:建构主义学生观

1. 主体性

在现代教育理念中,以人为本的哲学主张强调学生作为教学过程的核心和主体。这种理念不仅仅是对教学方式的调整,更是对整个教育体系的深刻反思和改革。在以人为本的教育观念下,学生不再是被动接受知识的对象,而是教学活动的积极参与者和主动建构者。以人为本的教育理念强调学生的个体差异和多样性。每个学生都有独特的学习风格、兴趣爱好和认知方式,因此教育应当充分尊重和关注每个学生的个体需求和发展潜力。教师在设计和实施课程时,应考虑到学生的背景、文化差异和学习能力,通过多样化的教学方法和资源,为他们提供有针对性的学习支持和挑战。以人为本的教育理念强调学生在教育过程中的主动性和参与性。教育不仅仅是向学生传授知识,更是培养他们的批判性思维、问题解决能力和创新精神。因此,教师应设法激发学生的学习兴趣,通过启发式的教学方法和实践性的学习活动,让学生在探索和实践中建构知识,培养他们独立思考和自主学习的能力。

以人为本的教育理念强调教师与学生之间的平等和尊重关系。教师不再是单方面的权威和知识传授者,而是学生学习路上的导航者和伙伴。教师应建立开放、信任和互动的教学氛围,鼓励学生表达自己的看法和观点,促进师生之间真正意义上的互动和合作。以人为本的教育理念要求教育系统不断反思和改进,确保教育活动和教学方法能够真正服务于学生的全面发展和未来的生活需求。这种理念的实施不仅仅在于课堂上的教学实践,还包括教育政策的制定和资源的配置,以及社会文化环境对教育价值观的支持和推广。

2. 发展性

学生作为一个独立的个体,其在学习的过程中不仅仅是获取知识,更是完成自身全面发展的重要阶段。这种发展不仅涉及知识和技能的积累,还包括心理、情感、社会和道德等多个方面的成长。从心理角度来看,学生的认知能力、情绪管理能力和社会交往能力都在不断发展和完善。从生理上来看,学生的身体素质、健康状况及生理成熟度也在持续变化和成长。教育的使命之一就是为学生的全面发展提供良好的环境和条件。教育应该为学生的认知发展和学习能力提供支持和引导。这包括设计富有挑战性和启发性的教学活动，激发学生的求知欲和探索精神。教师在这个过程中扮演着引导者和激励者的角色，引导学生通过思辨和实践来深入理解和应用知识。

教育也应关注学生的情感和社会发展。学生在成长过程中面临各种情绪和社交挑战，教育需要帮助他们建立积极的情绪管理能力和健康的人际关系。通过培养合作精神、团队意识和社会责任感，教育可以帮助学生在社会中更好地融入和发展。教育也应该重视学生的身体健康和生活习惯的培养。体育课程和健康教育不仅仅是身体锻炼，更是促进学生健康成长的重要途径。通过规律的运动和健康的饮食习惯，学生能够提升体质，增强免疫力，为学习和生活带来更好的状态和能量。教育也应当注重学生的道德和价值观的培养。道德教育不仅是传授道德规范和行为准则，更是引导学生理解和接纳多样的价值观，培养他们的自我意识和社会责任感。通过课堂教学、校园文化建设及校外活动，学生能够在实践中学习尊重和包容，形成积极的人生观和价值取向。

3. 完整性

完整性指的是学生作为一个生命体所具有的生命整体性，这种整体性体现在多层次、多方面的综合性上。人的生命不仅仅是生理机能的运行，还包括情感、认知、社会交往、道德观念等多个层面的综合体验和成长。教育的真正功能不仅在于传授知识和技能，更在于塑造学生的人格和精神，让他们在生命的旅程中体验到深层次的完整性和丰富性。完整性意味着对自我和他人的全面理解和尊重。教育应该帮助学生认识到自己是一个多面向的个体，不仅具有智力和学术能力，还有情感、良知、创造力等多重维度。通过课堂教学、社交活动和实践经验，学生能够建立起积极的自我认同和自尊心，同时也学会尊重和包容他人的差异和特点。完整性强调个体在情感发展中的成长和完善。情感的培育是教育过程中至关重要的一部分，它涉及学生如何理解和表达自己的情感，如何与他人建立深厚的情感联系，以及如何应对生活中的挑战和困难。通过文学作品的解读、艺术活动的参与和心理健康的培养，学生能够在情感上得到滋养和成长，体验到生命的情感层次和丰富性。

完整性还包括道德观念和社会责任感的培养。教育不仅仅是传授知识，还包括培养学生的道德判断力和社会参与能力。通过伦理道德的探讨、公民教育的实践和社区服务的参与，学生能够意识到自己作为社会一员的责任和义务，学会积极参与社会发展和改善。完整性还体现在个体与自然环境的和谐互动中。教育应该引导学生尊重自然，关注环境保护和可持续发展。通过生态教育和户外探索活动，学生能够深入体验自然界的奥秘，意识到人类与自然生态系统的相互依存和平衡。

4. 个性化

在教育教学过程中，每一个教育者都应当深刻意识到，每一个学生都是一个独立且特别的个体，拥有自身独特的个性和潜力。因此，教育的基本原则之一就是因材施教，即根据学生的个性特点和需求进行有针对性的教学设计和实施。建构主义学生观强调个体差异的重要性，认为每个学生都是在不断建构和重建自己的知识和理解。因此，课程设计应当以学生作为人的各种特性为基础，而不是简单地将知识灌输给学生。这需要教育者不仅关注学术能力的培养，更要重视学生的情感、社交、道德等多方面的发展，体现以人为本、以生为本的教育哲学理念。在教育过程中，教师要尊重学生的主体性与完整性。每个学生都有自己的兴趣爱好、学习风格和认知方式，教育者应当通过多样化的教学方法和活动，激发学生的学习兴趣和探索精神。例如，结合学生的兴趣爱好设计教学内容，或者通过小组讨论和项目学习等方式，让学生在实践中积极参与，发挥自己的潜力。教育要为学生的个性化发展创造良好环境。这意味着课程设计不应是僵化的标准化模式，而是应该灵活适应学生的需求和实际情况。教育者应当从学生的实际生活和学习经历出发，了解他们的背景和特点，调整和优化课程内容和教学方法，以达到更好的教学效果和学习体验。课程设计应从自下而上的方式转变为自上而下的方式。这意味着不再简单地按照课程大纲和教材内容设计教学计划，而是以学生的需求和反馈为依据，不断调整和优化课程的实施过程。例如，通过定期的评估和反馈机制，了解学生的学习进展和困难，及时调整教学策略和资源配置，以确保教学活动的有效性和适应性。

（三）由以教为主到以学为主：建构主义教学观

建构主义教学观强调学生在教学过程中的主体性和积极性，将教学活动的重心由教师转移到学生身上，以学生的学习过程为中心。在这种教学理念下，教师不再是知识的单一传授者，而是学习过程中的引导者和促进者，致力于激发学生的学习兴趣和自主学习能力。建构主义认为学生在学习过程中是知识的建构者。这种建构不仅仅是对新知识的接受和理解，更是通过将新知识与已有的知识和经验相结合，进行同化和顺应的过程。学生在教师的引导下，通过分析和评估知识的合理性和有效性，深化对知识内涵的理解，并在此基础上形成自己独特的理解和观点。这种过程强调学生的主动参与和思维活动，远离了仅仅依赖机械记忆和表面理解。建构主义强调教学过程中学生的独立性和有效性活动的重要性。教师的角色是为学生提供学习资源、指导学习策略，并创设学习环境，让学生在这个环境中探索、发现和建构知识。因此，课程设计应当充分考虑学生的个体差异、学习需求和兴趣。通过实施三级课程布局（国家课程、地方课程、校本课程），可以有效地结合统一的教育标准和地方特色，满足不同地区、不同学校乃至不同学生的学习需求。这种方法不仅能够保证教育的质量和效果，更能促进学生的全面发展和个性化学习。建构主义教学观还强调了教育过程的灵活性和动态性。课程设计不应该是一成不变的模式，而是需要随着学生的学习进展和反馈进行调整和优化。教师应当反思教学实践，不断改进教学方法和策略，以便更好地激发学生的学习动力和创造力。

（四）由抽象化到情境化：建构主义情境观

建构主义教学观强调将学生从抽象的知识体系中解放出来，通过真实的问题情境和生动的故事引导学生深入思考。教学情境的生活化和生动化是建构主义教学的核心策略，这不仅使得教学内容更具情感共鸣和认知启发，还帮助学生将复杂抽象的知识转化为具体易懂的形象。在课程设计中，尤其是在教科书编写过程中，如何再现知识的产生背景和应用情境，是实现最佳学习效果的关键。情境化教学设计要求教师或教材设计者能够创造真实且具有复杂性的学习情境。这些情境必须能够引发学生的兴趣和好奇心，激发他们的思维和探索欲望。例如，通过真实案例、生动故事或模拟实验，让学生亲身体验和探索知识的实际运用，从而使学习过程更加生动和有意义。情境化教学设计要注重教材内容的编排和组织。教材中的知识不应单纯地停留在抽象的理论层面，而是需要融入具体的情境中，使学生能够在情境中理解和应用知识。例如，在学习科学知识时，可以通过展示科学家的研究过程、实验的背景及结果，让学生了解知识是如何由实践中产生和得到验证的，从而增强他们的学习动机和深度理解。情境化教学设计强调教学活动的灵活性和动态性。教师应当根据学生的反馈和理解情况，灵活调整教学情境和教学方法，以确保教学的有效性和学习的深度。这种灵活性要求教师具备敏锐的教学观察力和反思能力，随时调整教学策略，以满足不同学生的学习需求和发展水平。情境化教学设计应该留有足够的余地，以便在教学实践中灵活应用。这意味着教师在设计课程时不应过分约束学生的思维和探索空间，而是要给予他们足够的自由度和启发，让他们在情境化的学习环境中自主地建构知识和解决问题。

二、建构主义视野下的课程设计实践探索

（一）建构主义视野下课程设计的基本原则

1. 直接经验与间接经验相结合

在现代课程理论中，课程被定义为学生通过学校教育获得的旨在促进其身心全面发展的教育性经验。从建构主义的视角来看，这种定义不仅强调学生的主体性，还强调他们通过经验的获得来内化和完善自身的认知结构。建构主义认为，经验的生成是一个持续的过程，其中直接经验和间接经验密切相关并相互作用。直接经验指学习者通过自身的实践和体验直接获得的经验，这些经验是学习者已有的知识背景和个人经历。这些经验对于学习者来说是真实的和亲身经历的，能够深刻影响其学习和理解新知识的方式。例如，学生在实地考察中直接观察到生态系统的互动，这种经验能够加深他们对生态学概念的理解。间接经验则是通过学校或其他教育环境提供的教育资源和教学内容获得的经验。这些资源可以是书籍、讲座、多媒体资料等，通过这些间接渠道，学习者获取来自教师、教材或其他权威来源的知识和理论框架。间接经验的优势在于能够为学习者提供广泛的知识基础和理论背景，帮助他们理解复杂的概念和理论模型。建构主义指导下的课程设计必须兼顾直接经验和间接经验的结合原则。这意味着课程设计师应当在设计教学活动和选择教育资源时，考虑到学习者已有的直接经验，并合理安排间接经验的选择和组织，以促进学生的综合发展和学习效率的提高。在课程设计的过程中，关注学习者的直接经验意味着设计能够激发学生自主探索和实践的学习活动，如项目学习、实地考察、案例分析等。同时，合理选择和安排间接经验意味着选择具有教育性和启发性的教材、资源和技术工具，以支持学生对直接经验的理解和应用。

2. 主观性与客观性相结合

建构主义理论强调学习者的主观性，将知识视为主体个体经验的总结和表达。在建构主义知识观中，课程被看作是知识的表现形式，而知识本身是学习者主观活动的产物。学习者作为独立而有思维的活动个体，在课程实施过程中不仅仅是接受和消化知识，更是主动地构建和重构自身的知识体系。这种观点与马克思主义唯物辩证法的主观能动性相契合，认为学习者在学习过程中具有自主性和创造性，能够主动地参与知识的建构。

马克思主义唯物辩证法认为，个体的主观能动性是认识和改造客观世界的基础，因此必须充分尊重课程和学习者的主观性。课程设计的实质在于从人类社会历史经验中选择、组织和安排知识，这些经验既包括科学领域的理论成果，也涉及生活实践中的应用经验。人类社会历史经验具有客观性，是已经存在和被验证的知识体系，但其表现形式和理解方式受到特定文化环境和社会条件的影响。课程设计需要在尊重学生主体的主观性的同时，结合人类社会历史的客观性。这意味着设计师在设置课程时，应当考虑到学生的认知特点、学习需求和兴趣，同时根据已有的科学和社会文化经验，选择合适的教学内容和方法。课程设计应该是一个综合性的过程，既要满足学生的个性化需求，又要保证教学的有效性和教育的目标达成。

3. 稳定性与动态性相结合

建构主义强调以学生为中心的课程设计方向，这不仅是教育理论的一种倡导，也是实现教育有效性和学生发展的关键策略。从建构主义的学生观出发，每个学生都是独特的个体，拥有自身特定的性格特征和智力发展水平。课程设计应当根据学生的这些特征和发展阶段，设计有针对性和适应性的教学活动，以促进他们的个体经验增长和全面发展。建构主义知识观认为，知识是动态的、生成性的，不断随着学习者的认知过程而演变和重构。尽管如此，一定历史时期的知识也具有相对稳定性，这种稳定性体现在学校课程目标和学科课程标准中，它们为教育提供了基本框架和方向。因此，课程设计不仅需要制订相对稳定的教学计划和教学大纲，以确保教学的连贯性和系统性，同时也要充分尊重学生个体知识的动态生成性。

在实践中，课程设计应具备灵活性和适应性，能够根据学生的实际情况和学习进展进行调整和优化。这种灵活性包括但不限于教学方法的选择、学习资源的应用、评估方式的设计等方面。通过灵活的课程设计，教师可以更好地满足学生的个性化需求，激发他们的学习兴趣和参与度，从而提升教育的效果和学习的深度。关键在于，在进行课程设计时要确保其既有稳定性又有灵活性。稳定性保证了教育的连贯性和系统性，使教学能够在一定框架内有序进行；而灵活性则使教育能够适应不断变化的知识和社会发展需求，确保教学与时俱进、创新发展。

（二）建构主义视野下的课程目标

课程目标作为教育过程中的重要组成部分，不仅仅是一段静态的文字描述或者预设的终点，它更应当被理解为教育目的的转化和具体实施的指导。传统的课程理论倾向于将课程目标视为课程结构的核心，一旦设定就被视为不可改变的定论，而教学实施则严格围绕这些目标展开，通常衡量学生对知识掌握的程度，这种观念显得相对狭隘。然而，建构主义情境观对课程目标的应用提出了新的理念和实践方法。建构主义强调教育过程中学生的主体性和活动性，认为课程目标并非一成不变，而是在教学实践中逐步展现和调整的。这种观点突显了课程设计过程中灵活性和动态性的重要性，与传统观念相比，建构主义更注重学生在教学活动中的参与和自主学习能力的培养。

从建构主义角度来看，在课程设计初期可以设定宽泛或者模糊的宏观目标，而不必有具体而严格的细节要求。这种灵活的设定方式更有利于教师根据学生的实际情况和学习进程进行实时调整和优化，确保教学的有效性和个性化。建构主义者认为，课程目标的核心在于促进学生的全面发展，不仅仅是知识的传授和掌握，还包括能力、情感、个性等方面的培养。课程目标应当激发学生的创新能力和批判性思维，使他们在真实的学习情境中能够灵活运用所学知识，解决复杂问题和应对未知挑战。建构主义者还强调发展本身是一个动态生成性的过程，不同学生在不同时间点和不同环境下的发展路径和速度可能会有所不同。因此，课程目标的设定应当考虑到学生的个体差异和发展潜力，而不是简单地强调统一的标准或结构。

（三）建构主义视野下的课程内容

在教育领域，课程设计的理解方式直接影响到教学活动的实施和学生的学习效果。传统的课程理论通常将课程目标设定为核心，以确保教学内容的传递和学生对知识的掌握。然而，建构主义知识观的出现为课程设计带来了新的视角和方法论。

在建构主义的指导下,课程设计不再囿于过去的教材和传统内容的束缚,也不再仅仅依赖教师和课程专家的决定。建构主义强调学生的主体性和参与度,认为学生应该成为确定课程内容的主体。这种转变不仅仅是理论上的,而是实践中的实质性变革:学生的兴趣、学习需求和发展方向成为课程内容选择的重要考量因素。一方面,建构主义扩展了课程资源的概念,将生活世界、教师、学生及教学过程本身都视为课程资源的生成者和组成部分。这种观点反映了课程内容从单一教材和规定的知识点到更广泛的生活经验和学习过程中产生的多样化资源的转变。另一方面,建构主义的影响使得课程内容的选择更加灵活和多样化。学生在实际学习活动中可以通过参与和互动不断调整和完善自己的知识体系。这种以学生为中心的课程设计方法,不仅能够更好地满足学生个性化的学习需求,还能够激发学生的学习动机和创造力。在新课程改革的背景下,建构主义与课程设计的结合是一种必然趋势。这种趋势不仅体现了教育理念的更新和发展,也是对传统课程观念和方法的一种有益补充和修正。建构主义的知识观、学生观和情境观等理念,为课程设计提供了新的理论支持和实践指导,有助于教育实践更加贴近学生、更加有效地促进他们的全面发展。

第二节 大学英语教学模式的实践与理论

一、我国大学英语教学模式改革的背景

长期以来,我国大学英语教学的传统模式一直较为单一,通常遵循着固定的教学程序:复习旧课—引入新课—学习新课—作业布置。教学手段主要局限于课本、板书和录音机等传统工具,大多数教师采用传统的大班教学方式,即教师讲,学生听。即使随着近年来多媒体技术的发展,一些教师也开始将多媒体引入课堂,但多数仍然将课堂内容简单地从黑板移植到PPT,将听力播放工具从录音机转移到电脑上,这种改变未能显著提升学生的学习效果和应用能力。当前我国学生在英语学习方面普遍存在持续时间长、应用能力差的问题,这部分可以归因于传统教学模式的局限性。其中一个较为重要的原因在于对教学活动本质认识上的偏差。教学活动不应该仅仅是教师传授知识、学生被动接收的单向过程,而是一个涉及多种因素的复

杂过程，包括教师的角色、学生的参与度、教材的选择与设计、教法的运用、教学理念及手段的创新及教学评价方式等。

要想有效地提升大学英语教学效果，我们需要结合我国实际情况，认真分析影响教学效果的多种因素，并通过改革教学模式来推动英语教学的持续发展。首先，教学模式的创新非常关键。传统的大班教学可以引入更多互动式教学方法，如小组讨论、角色扮演、案例分析等，以提升学生的参与度和学习动机。其次，教学手段的多样化也至关重要。多媒体技术应当被充分利用，但不仅仅是简单地将内容搬移到电子设备上，而是要创造出富有互动性和生动性的学习体验。再次，课程设计应当更加注重对实际应用能力的培养，如通过项目式学习或实践性任务来促进语言技能的综合运用。最后，教师的专业发展也是关键因素。提供教师持续的专业培训和发展机会，帮助他们更新教学理念和方法，不断适应教育技术和教学研究的新进展，是推动教学质量提升的重要保障。

二、我国大学英语教学模式改革的主要支撑理论

（一）认知主义

按照学习理论的分类，教学理论可以被划分为联结理论和格式塔理论两大主要流派。这两种理论在20世纪60年代以后分别演化为行为主义和认知主义，对于理解学习过程和教学实践有着深远的影响。行为主义理论将学习视为外部刺激与反应之间的机械关系，强调学习是通过不断刺激和强化来形成条件反射和习惯。在行为主义的教学观中，教师扮演着信息传递者和学习过程的控制者角色，学习者被视为被动接受信息。这种理论强调外部环境对学习的影响，而学习者的内在状态和认知过程则较少被关注。

相对而言，认知主义理论则更加关注学习者的内部心理过程和认知结构。认知主义认为学习是学习者通过活跃的参与和个体心理结构的内部变化来获取新知识和技能的过程。在认知主义的框架下，学习者被视为积极参与者，他们利用已有的知识和经验来理解新的信息，并通过加工和组织这些信息来形成新的认知结构。因此，认知主义强调学习者的自主性、问题解决能力及对学习过程的自我管理和调节能力。对于语言学习来说，认知主义提供了一种深刻的理解：语言学习不仅仅是接

受和记忆语言的词汇和语法规则,而是一个复杂的认知活动过程。学习者在习得语言的过程中,利用元认知能力来监控和调节自己的学习过程,如制订学习策略、评估学习成效及调整学习方法。这种理论认为学习者需要积极地参与到语言学习的各个阶段中,通过理解语言的语用和语境使用来提升语言技能的应用能力。

(二) 建构主义

建构主义作为认知主义的一种发展延伸,虽然与认知主义有一定的联系,但其强调的重点和观念确实有所不同。建构主义着重于知识的主观性构建过程,尤其在语言学习领域中,这一观点得到了深入探讨和应用。从建构主义的角度来看,学习语言并非简单地接受和记忆语言形式和规则,而是一个积极主动的过程,是学习者在特定的社会文化背景中,通过与他人的互动和合作,借助教学情境和意义构建来习得语言知识。教师不再是传统意义上的知识传授者,而是扮演着引导者和促进者的角色。教师的任务是创造富有意义的学习情景,帮助他们在探索和发现中构建新知识的意义。建构主义强调知识的构建情境,即学习者通过参与真实的语言使用和沟通情境,通过与他人的交流和合作来深化对语言知识的理解和应用能力。这种情境化的学习不仅仅关注语言形式和结构,更注重语言在特定社会文化背景中的实际运用和意义表达。在建构主义的教学理念中,学习者被视为学习过程的中心和主动参与者。他们通过个人经验的积累、与他人的合作交流及教师的引导,逐步建构和调整自己的语言知识体系。这种学习方式不仅促进了语言技能的发展,还培养了学生的批判性思维、问题解决能力和自主学习的能力。

(三) 人本主义

人本主义作为 20 世纪五六十年代兴起的重要学术流派,对教育和学习理论带来了深刻的影响。它与行为主义和认知主义的理论立场截然不同,强调人作为个体的独特性和整体发展的重要性,提出了一种全新的教育观和学习观。在人本主义的视角下,学习者被看作是教学过程中的主体,而非被动接受者。这种理论认为,每个学生都是一个独特的人格,具有独特的思想、情感和各种需求。因此,教育不仅仅是向学生传授知识和技能,更是帮助他们实现个人潜能、发展个体特质的过程。人本主义强调的是学生的自我实现,即通过学习和成长,使学生在认知、情感、道德和社会交往等方面得到全面发展。

在语言教学领域，人本主义的观点尤为重要。语言学习不仅仅是语法规则和词汇的学习，更是通过语言表达和交流实现个体在社会文化环境中的有效参与。因此，教师的角色不再局限于知识的传授者，而是学生学习道路上的引导者和伙伴。教师需要关注学生的个体差异，尊重他们的学习风格和节奏，创造支持学生自主学习和探索的教学环境。人本主义认为教育应当关注学生的全面发展，包括其情感和道德素养的培养。教师在教学过程中不仅要传授知识，还要培养学生的自信心、合作精神和创造力，促进其个性的充分展示和发展。因此，教学活动应当注重学生的情感体验和情感发展，使学习过程不仅仅是理性思维的训练，更是情感和智慧的结合。

三、我国大学英语教学模式的改革方向

（一）改变教学理念

1. 改变以教师为主体的教学思想

多年来，传统的英语教学模式往往以教师为中心，这种模式虽然在一定程度上确保了教学内容的传递和学习任务的完成，却也因此限制了学生在学习过程中的主体性和参与度。在这样的背景下，越来越多的教育理念强调将学生置于学习的中心地位。这种转变不仅是教育改革的需要，也是对教育活动客观规律的更好体现。学生作为学习的主体，应当在教学过程中扮演更加积极的角色，而非仅仅是知识的被动接收者。因此，教师在设计课堂活动和课程内容时，应该注重激发学生的学习兴趣和学习动机，创设丰富多样的学习情境和互动机会，以培养学生的自主学习能力和批判性思维能力。这种方法不仅有助于学生在知识层面的掌握，更能够培养其解决问题和合作交流的能力。因此，教学活动应当注重学生个性化发展的需求，通过灵活多样的教学方法和资源，满足学生在语言学习过程中的不同学习节奏和方式的需求。

2. 改变以传授语言基础为主的教学方式

英语学习中，词汇、语法等基础知识的掌握是学习的起点，它们为后续语言应

用能力的提升奠定了坚实的基础。这些基础知识的积累是学习外语过程中不可或缺的一部分，因为它们构成了语言学习的框架和支柱。然而，学生仅仅掌握了基础知识，并不足以在实际应用中游刃有余，语言学习的最终目的是能够在真实的交流场景中灵活运用所学的语言技能。语言的应用能力涵盖听、说、读、写、译等多个方面，这些能力是通过实践和经验的积累逐步发展而来。例如，通过听力训练可以提升理解能力和口语流利度；通过口语表达可以增强交流效果和语言的自然性；通过阅读可以扩展词汇量和语法应用的灵活性；通过写作可以培养逻辑思维和语言表达能力；通过翻译可以深入理解文化差异和语言背后的语境。

当前，社会对于英语人才的需求日益多样化和专业化。传统的语言教学模式强调基础知识的传授，却忽视了应用能力的培养，这导致许多学习者虽然掌握了大量的语法规则和词汇，却在实际交流中显得生硬和不自然。因此，教育界和语言学习者普遍认识到，改变教学方式，注重基础知识与应用能力的并重，是提升语言学习效果的关键。新的教学方法和策略致力于在打好基础的同时，通过实践和体验来促进语言能力的全面发展。例如，通过情境教学和实践活动，学生能够在真实的语言环境中运用所学，增强语言的实际运用能力；通过项目式学习和小组讨论，学生可以在合作互动中提升口头表达和听力理解能力；通过跨学科的课程设计，学生可以将语言技能与其他学科知识结合，提高综合应用能力。

3. 改变"授人以鱼"的教学现状

在当前的大学英语教学中，普遍存在着一种重知识、轻能力的教学现状。这种情况不限于英语教学，也反映了整个教育体系中的一般趋势：过度关注学科知识的传授，而忽视了学习者如何获取、理解和应用这些知识的能力培养。随着社会的快速变化和知识的爆炸式增长，终身学习的理念在全球范围内得到了广泛认同。因此，教育的核心任务不仅是传授知识，更重要的是培养学生的学习能力和适应能力，使他们能够在不断变化的环境中持续学习和自我发展。重视知识传授而忽略语言学习方法的问题，导致学生在学习过程中缺乏有效的学习策略和自主学习的能力。传统的教学方法通常集中于教师的知识传递，而学生则扮演被动接收者的角色。这种模式虽然有助于学生掌握基础的语言知识和理解语法规则，却无法真正提升他们的语言能力和实际运用能力。学习者仅仅靠接收信息和死记硬背，很难在实际交流中流利自如地运用所学语言，更不用说面对新的语境和挑战时的应变能力。

（二）创新课堂模式

1. 采用自主式教学

为了有效帮助学生学习英语并为其今后的学习打下坚实的基础，我们需要促进他们的自主、自觉和独立学习能力。在当前教育环境下，实现这一目标需要采取一系列策略和方法，特别是在课堂教学的设计和实施中，有针对性地满足学生的个性化需求。自助式教学形式的核心在于激发学生的自主学习意识。教师可以通过设置适合不同学习水平的分级教学，来有效地满足学生的学习需求。分级教学不仅能够使每个学生在适合自己学习水平的环境中学习，而且有助于减少学习者之间的差异，从而提高整体教学效果。例如，对于英语词汇和语法基础较弱的学生，可以提供额外的辅导和练习机会；对于语言能力较强的学生，则可以提供更多的挑战性任务和扩展活动，促进其进一步的学术发展。为了实现自主学习，课堂设计应该充分考虑到学生的个体差异和学习风格。教师可以采用多样化的教学方法和策略，如小组合作学习、项目学习、探究式学习等，鼓励学生积极参与到学习过程中来。在课堂上，教师可以充当引导者和促进者的角色，引导学生自主探索和学习，而不是简单地向学生传授知识。学生将更有可能发展出自主学习习惯和能力，能够在教师不在场的情况下有效地进行学习和解决问题。避免"一刀切"的教学方式也是提高学生学习效果的关键。每个学生都有其独特的学习节奏和学习方式，因此教师在课堂设计时应该灵活应对，根据学生的反馈和实际表现进行调整和优化。这种个性化的教学方法不仅能够更好地满足学生的学习需求，还能够有效地减少学生的学习压力，提高他们的学习积极性和成就感。

2. 充分利用网络教学

网络教学在当今的教育领域中发挥着越来越重要的作用，特别是在英语学习中，它不仅丰富了学习资源的形式和内容，还极大地提升了学习的趣味性和有效性。通过网络教学，学生可以利用文字、图像、声音、动画等多种形式的资源进行学习，这些多样化的媒体形式不仅能够满足不同学习者的需求，还能够激发他们学习英语的兴趣，并增强其学习的主动性和参与度。网络教学通过多媒体资源的丰富应用，使得学习变得更加生动和具体。比如，通过视频和音频资源，学生可以听到地道的英语发音，观看生动的场景演示，这有助于他们更好地理解和掌握语言的语调、语速等实际应用技能。同时，动画和图像的运用可以生动地呈现词汇、语法等抽象概念，帮助学生形象化地理解和记忆知识点。网络教学通过即时交际平台，如在线讨论、语音视频会议等，促进了学生之间和学生与教师之间的互动和交流。这种互动不仅有助于学生在学习中解决问题、分享思想，还能够培养他们的合作能力和团队精神。通过教师的引导和监督，学生可以在这种互动中及时获得反馈，纠正错误，加深对学习内容的理解，从而更好地实现学习目标。网络教学还提供了丰富多样的学习资源和学习评价方式。学生可以通过网络随时随地访问到全球范围内的教育资源，如开放式课程、在线教材、学术论坛等，从而扩展他们的学习视野和知识广度。而教师可以通过在线测验、作业提交系统等实时评估学生的学习进度和掌握情况，及时调整教学策略，个性化地帮助学生提升学习效果。

3. 革新传统教学

传统的课堂教学在长期的发展过程中确实积累了丰富的教学经验和值得借鉴的优点，然而也不可否认其存在的一些弊端和局限性。因此，在推动教育改革的过程中，并非要完全舍弃传统教学方式，而是应当在保留其优点的基础上，结合现代教育技术和理念进行革新和提升，以创造更加适合当代学生学习需求的教育环境和效果。传统课堂教学的优点主要体现在教学经验的积累和稳定性。传统教学注重师生面对面的互动和交流，教师通过讲解和示范直接传授知识，学生在课堂上能够即时提出问题和得到解答，这种亲密的教学关系有助于建立师生信任和有效的学习氛围。此外，传统教学注重基础知识的系统传授和逐步深化，有助于学生形成扎实的学习基础。然而，传统课堂教学也存在的弊端主要表现为教学内容单一、教学方式单一、学生参与度不高等问题。传统教学往往以教师为中心，学生在被动接受知识的同时，缺乏自主探索和实践的机会，这对于培养学生的创新思维和实际应用能力是不利的。另外，随着社会信息化和科技进步的加速，传统教学方式有时无法有效地满足学生多样化的学习需求和方式。

（三）改革评价方式

近年来，我国大学英语教学模式的显著进步和教学水平的提高反映了教育改革的积极努力和成效。然而，传统的总结性评价模式在一定程度上限制了教学效果的全面展现，而新的教学要求和评价模式则为改革提供了重要的政策导向和理论支持。在传统教育模式中，考试成绩通常被视为学习成果的主要标志，这种终结性评价模式虽然有其便利性和直观性，却也容易使得教学过程过分侧重应试技能而忽视了学生语言能力的全面提升。《大学英语课程教学要求（试行）》的出台，标志着教育评价模式正向形成性评价与综合性评价相结合的方向转变。这一新模式不仅注重学习过程中的实时反馈和个性化指导，更强调教师和学生在评价中的互动与合作。教师通过及时反馈和评价能够更好地调整教学策略和方法，从而提升教学效果；而学生则通过多维度的评价体系更全面地了解自身的学习进展和发展方向，促进个人学习能力的自主提升。

新的评价体系还重视英语综合应用能力的全面考核，不再局限于传统的语法、阅读，而是更加注重听、说能力的培养和评估。这种转变有助于学生在实际应用中更好地运用英语，增强语言交际的自信和流畅度，为未来的学术和职业发展打下坚实基础。同时，这种综合性评价体系也对教师的教学能力和教学质量提出了更高要求。教师不仅需要具备扎实的学科知识和教学技能，更需要不断更新教育理念，采用多样化的教学方法和手段，以满足不同学生的学习需求和发展特点。通过对教师的全面评价，学校可以及时发现和培养优秀的教育人才，促进教育质量的提升和学术成果的创新。

第三节 教学系统设计的理论与方法

一、教学系统设计的理论基础

（一）传播理论与教学设计

1. 传播过程到教学传播过程要素的演绎

哈罗德·拉斯韦尔提出的 5W 公式和布雷多克进一步发展的 7W 模型，为教学传播过程提供了系统化的框架，强调了教学设计中必须关注和考虑的重要因素。这些模型不仅有助于厘清教学目标和教学环境，还为解决教学过程中的各种问题时提供了有力的指导和支持。拉斯韦尔的 5W 公式包括了 Who（谁）、What（什么）、

When（何时）、Where（何处）、Why（为何）。这五个基本要素涵盖了传播过程中的关键问题，从传播内容的定义到接收者、时间、地点和目的的明确阐述，为传播过程的有效性提供了基本保障。特别是在大众传播领域，这些要素帮助媒体和广告行业精确地定位受众群体，有效传达信息，达到预期的传播效果。

布雷多克在此基础上进一步发展了 7W 模型，包括 Who（谁）、What（什么）、When（何时）、Where（何处）、Why（为何）、How（如何）、Whom（谁）。这两个额外的要素使得教学传播过程更加全面和深入。其中的 How（如何）和 Whom（谁）特别突出了教学设计中的实施策略和目标受众的选择，强调了教学过程中个性化和差异化的重要性。教学传播过程和目标常常是多层次、多维度的，因此必须全面考虑教学目的的设定、学习者特点、教学环境的营造及实施策略的选择。教育者在设计教学过程时，需明确为何进行某项教学活动（Why）、在何种情境下进行（Where）、目标是什么（What）、如何实施（How）、何时进行（When），以及针对哪些学生（Whom）等问题，才能确保教学的高效性和学习者的积极参与。

2. 传播理论揭示教学过程要素之间的相互联系

20 世纪 60 年代，伯罗在哈罗德·拉斯韦尔的研究基础上，提出了 SMCR 的传播过程模式，进一步深化了对教学信息传播复杂性的理解。这一模型将传播过程分解为四个核心组成部分：信息源（Source）、信息（Message）、传播通道（Channel）和受众（Receiver），并强调了它们之间的互动关系和共同作用，从而决定了最终传播效果的复杂性。信息源指的是传播信息的起源，通常是教育者、教师或者其他传递知识的角色。信息源的传播技能、表达能力和受者的听、读能力直接影响着信息的准确性和有效性。传播者需具备清晰的表达技巧，而受众则需要有良好的接收和理解能力，这些因素直接影响到信息传递的效果。信息（Message）是指传达的具体内容，包括信息的结构、内容和编码方式。信息的质量、清晰度和逻辑性是影响传播效果的重要因素。信息结构应当合理，内容应当准确，编码方式应当符合受众的接受习惯和理解能力，才能达到预期的教学效果。

传播通道（Channel）指的是信息传播的媒介或平台，如课堂讲授、书籍、网络平台等。不同的传播通道对信息的传递效果有着显著影响，因为它们提供了不同的感官刺激和信息处理方式。选择合适的传播通道，能够更有效地传达信息，提高信息的接收和理解度。受众（Receiver）则是信息的接收者和理解者，他们的态度、知识水平、文化背景及社会环境都对信息的接受和理解产生深远影响。受众的反应和理解能力直接决定了信息传播的最终效果。因此，教育者需要考虑到受众的多样性和个体差异，在传播过程中采取相应的策略和方法，以确保信息能够被有效传达和理解。

3. 传播理论指出了教学过程的双向性

1954年，奥斯古德（Osgood）和施拉姆（Schramm）提出了一种新的传播模型，强调在传播过程中建立反馈系统的重要性。这一模型不仅适用于大众传播，也可以在教学过程中得到应用，特别是在教师与学生之间的信息传递和学习活动中。教学信息的传播涉及教师和学生两方面的行为和互动。教师作为信息的传递者和引导者，需要准确地表达教学内容，采用有效的教学方法和策略。而学生则是信息的接收者和学习者，他们的理解能力、学习兴趣和态度对信息传递的接受和消化至关重要。在奥斯古德和施拉姆的模型中，反馈被视为一个关键环节。反馈系统使得教学过程不再是单向的传递，而是双向的互动。通过反馈，教师可以了解学生对教学内容的理解程度、学习进度和存在的困难，进而及时调整教学策略和方法，以更好地满足学生的学习需求和提升学习效果。教学设计必须重视教与学两方面的分析与安排。教师需要精心设计教学活动和课堂环境，以促进学生的积极参与和有效学习。教师应当注重如何激发学生的学习兴趣，如何引导他们进行探索和思考，如何通过合适的方式提供反馈，以及如何根据学生的反馈信息调整教学方法和内容。利用反馈信息进行随时的调整和控制，是确保教学达到预期效果的关键一环。这种实时的反馈机制不仅有助于提高教学效果，还能增强教师与学生之间的互动和信任关系。通过积极反馈过程，教师可以更好地理解和满足学生的学习需求，帮助他们克服困难，实现个人学习目标。

4. 传播过程与教学设计过程要素比较

在现代教育领域中，传播内容分析、受众分析、媒体分析及效果分析等研究成果，对于教学设计的多个关键环节提供了宝贵的指导和启发。学习内容分析是教学设计的核心之一。通过对传播内容分析的借鉴，教师能够更好地理解教学内容的结构、重点和逻辑，从而有针对性地设计教学活动和课程。传播内容分析的方法和工具，如内容分析法和语境分析，可以帮助教师深入剖析学科知识的本质和学习目标，确保教学内容的科学性和有效性。学习者分析是个性化教学的重要依据。类似于传播领域的受众分析，教师需要了解学生的背景、先验知识、学习风格和兴趣特点，以便根据不同学生的特点调整教学策略和方法。通过有效学习者分析，教师可以更好地个性化教学，提升学生的学习动机和学习成效。

媒体分析对于教学媒体的选择具有重要指导意义。传播研究中的媒体分析方法，如内容分析和形式分析，可以帮助教师评估不同媒体在教学中的适用性和效果。随着科技的进步，教学媒体的种类和形式日益丰富，教师需要根据教学目标和学生特点选择最适合的媒体，以提升教学效果和学习体验。效果分析是教学评价的重要手段。传播研究中的效果分析方法，如影响分析和反馈分析，可以帮助教师评估教学活动和课程的实际效果。通过收集和分析学生的学习成绩、反馈意见和学习表现，教师可以了解教学活动的成效、发现问题并及时调整教学策略，以持续优化教学过程。

（二）学习理论与教学设计

1. 学习理论

（1）行为主义学习理论

行为主义学习理论在20世纪初期诞生，是对结构主义心理学的一种反对和超越，其代表人物包括巴甫洛夫、华生、桑代克和斯金纳等。这一理论以其简洁的S-R（刺激-反应）公式而闻名，其中S代表来自外界的刺激，R则表示个体对刺激的反应或行为。行为主义学派认为，个体在不断接收特定的外界刺激后，会形成与这些刺激相适应的行为模式，这一过程被称为S-R联结的学习行为，即学习的本质是在刺激与反应之间建立联系。

行为主义学习理论着重于研究与有机体生存和适应有关的行为。它强调环境对个体行为的塑造作用，认为环境刺激通过激活特定的反应机制来影响个体学习和适应。在行为主义的观点下，学习是一种通过外在刺激引发特定反应的过程，这些反应可以是条件反射或者习得行为，如巴甫洛夫的经典条件反射实验和斯金纳的操作条件反射研究。行为主义学习理论的实验重点在于通过控制环境刺激，观察和测量个体的行为反应，以验证理论假设。例如，斯金纳的箱子实验中，他通过设计特定的操作条件，来探索动物在特定刺激下如何产生和巩固行为反应。这种实验方法强调了学习过程中外界刺激与个体行为反应之间的直接关系。行为主义学派对教育实践产生了深远影响。教育工作者开始强调通过激励和惩罚来塑造学生的行为和习惯，如通过奖励正面行为以增强其出现频率，通过惩罚不良行为来减少其出现。这种强调行为可观察和可测量性的方法，影响了学校课堂的管理和教学方法的设计。然而，行为主义学习理论也受到了一些批评和面临着挑战。其中主要包括忽略了个体内在心理过程的重要性，如认知、情感和动机等因素对学习和行为的影响。随着心理学的发展，认知学派的兴起强调了个体内部的思维和理解过程，从而对行为主义提出了更为复杂和多元的观点和解释。

（2）认知学习理论

20世纪60年代以后，随着认知心理学的兴起，学习理论经历了重大转变，从简单的S-R（刺激-反应）模型逐渐演变为更复杂的S-O-R（刺激-组织-反应）模式。这一时期的学习理论开始关注学习者内部的认知过程和大脑的信息加工机制，强调学习不仅仅是外部刺激引发的反应，而是一个个体在大脑中对外界信息进行处理、重组和理解的过程。认知心理学派主张，学习是一个主动的、有意义的过程，强调学习者在接收和处理信息时，将其纳入已有的认知结构中，通过同化（将新信息融入已有框架）和顺应（调整现有框架以适应新信息）的过程来建立新的知识结构。

认知学派的发展推动了学习理论的深入研究，主要代表人物包括布鲁纳、皮亚杰、奥苏贝尔、加涅等。布鲁纳提出了著名的"建构主义"理论，他提倡在教学中创设具有挑战性和互动性的情境，鼓励学生探索和发现知识。奥苏贝尔则关注儿童认知发展的阶段理论，强调儿童在不同阶段的认知能力和思维方式。他的工作影响了教育领域对于教学设计和课程安排的认知发展理论的应用。加涅提出了社会文化理论，认为学习和发展是社会和文化环境中的交互过程，强调社会互动对于认知能力的塑造和发展的重要性。他的理论尤其强调了教师和同伴在学习过程中的角色，强调合作学习和互动式教学的重要性。

2. 教学设计与学习理论

（1）以行为主义联结学派心理学为基础的斯金纳程序教学设计理论的诞生与早期发展

行为主义是20世纪初在美国兴起的一种心理学学派，由华生创始，其核心观点是强调通过客观的研究方法来理解和解释行为。行为主义者主张用科学的、客观的方法研究人类行为，他们认为行为是外部刺激和反应之间的机械联结，学习就是在这种刺激和反应的过程中形成的。这一观点被概括为 S-R（刺激-反应）联结公式，即某种刺激导致特定的反应，从而形成学习。行为主义的重要特征之一是其强调环境的决定性作用。行为主义者认为个体的行为完全由外部环境条件决定，忽视了个体的内部心理状态和思维过程。这种环境决定论和教育万能论在行为主义理论中得到了充分展示，他们认为通过控制和调节环境条件，可以预测和控制个体的行为和学习过程。

随着20世纪四五十年代的发展，新行为主义逐渐成为主流，斯金纳是其代表人物之一。斯金纳提出了"教育是塑造人的行为"的理念，他将学习和机器的概念联系起来，提倡使用教学机器实现"小步子教学"。这种方法通过精确控制学习过程中的每个步骤，并及时提供反馈，以促进学习者的主动学习。尽管教学机器在当时存在一些局限性，如对学生学习动机的忽视和对教师主导作用的排斥，但它的程序化和系统化特征为20世纪60年代的程序教学运动奠定了基础。程序教学思想深刻影响了教育界对教学设计的理解和实践，尤其是在20世纪70年代后期，随着计算机技术的发展，程序教学思想被广泛应用于计算机辅助教学。然而，纯粹的行为主义观点在教育设计中显得越来越不足够。行为主义将人视为被动的机械结构，没有充分考虑个体的主观能动作用及大脑在行为调节和支配中的作用，这限制了其在教育理论和实践中的适用性。

（2）教学设计吸收各学习理论学派精髓作为其科学依据进行教学设计的实践

随着脑科学的进展和对心理认知的深入研究，认知学派在心理学领域逐渐占据了主导地位。认知学派起源于格式塔心理学，其核心观点是学习不是简单的机械、被动的刺激-反应联结，而是通过主体的主观作用来实现的。这一学派的发展使得心理学研究从简单的外部行为转向了内部思维过程和认知结构的深入探索。

瑞士心理学家皮亚杰是认知学派的重要代表之一，他提出了认知结构说。皮亚杰认为，认知是主体在与客体互动中形成的结构性动作和活动，目的在于主体对环境的适应和平衡。他将行为主义的 S-R 联结模型改进为 S-AT-R 联结模型，其中 A 代表同化（assimilation），T 代表主体的认知结构（schema）。这一理论强调了学习者将外部信息同化进其原有的认知结构中的过程，强调了新旧知识之间的联系和整合，从而推动认知发展的进程。20世纪60年代，美国认知学派的代表人物布鲁纳进一步发展了认知发现说。他认为，人的认知活动遵循一定的阶段顺序来形成和发展心理结构，这种心理结构即认知结构。布鲁纳强调了个体在学习和理解新信息时如何通过积极的主观参与来重构和调整自身的认知结构。他的理论突出了学习者在学习过程中的主动性和参与性，强调了认知发展中个体自主构建和理解知识的重要性。

二、教学系统设计方法

（一）需求分析

在设计大学英语教学系统时，需进行详尽的需求分析，以确保系统能够有效满足目标学生群体的学习需求。我们需要明确目标学生群体的特征和背景。通常来说，大学英语学习者涵盖了广泛的背景和语言水平，从英语母语国家的学生到非英语国家的学术英语学习者。因此，系统必须具备灵活性和可定制性，以适应不同群体的需求。一方面，针对不同背景和语言水平的学生，系统应该提供多样化的教学内容和方法。例如，针对英语水平较低的学生，可以设计基础英语课程，重点放在语法、基本词汇和听力理解上；而对于高级学生，则可以设置专业英语课程，如学术写作、口语表达和跨文化沟通技能等。另一方面，需调查和分析现有的教学系统或课程，以识别其存在的问题和改进点。现有系统可能面临的问题包括教学内容单一、互动性不足、评估方式不合理等。例如，一些课程可能过于依赖传统的教科书和讲座形式，缺乏实践和交互式学习的元素。改进点可能包括引入在线学习平台，增加多媒体资源、虚拟实验室或语言实践环境，以促进学生的参与和反馈。

（二）教学目标设定

制订清晰的教学目标是确保教育效果和学生发展的关键。教学目标应包括长期和短期目标，旨在全面提升学生的语言能力、沟通能力及其职业发展所需的实际技能。短期目标涵盖了学生在每个学期或学年内需要达到的具体能力水平。例如，短期目标可能包括提高基础词汇量、改善语法准确性和听力理解能力。对于高级学生，短期目标可能更侧重于提升学术写作能力、加强口语表达技巧及增强跨文化沟通的能力。长期目标则是指学生在完成整个学习过程后能够达到的高级语言能力和综合沟通技能。这些目标通常与学生的职业发展密切相关，如能够在国际化工作环境中流利地交流、撰写专业文档或进行跨文化团队合作等。这种综合能力不仅要求学生能够理解和使用复杂的语言结构，还要求他们能够运用英语解决实际问题，并有效表达自己的观点和想法。

教学目标必须具体且可测量，以便教师能够评估学生的学习进展并进行必要的调整和支持。例如，可以通过标准化测试、口语表达评估、学术写作作业及实际沟通任务来测量学生的语言能力和沟通效果。这种评估不仅有助于学生了解自己的学习成果，还能够为教师提供改进教学策略和内容的关键反馈。为了实现这些教学目标，大学英语教学系统设计需要结合现代教育技术和教学方法，如利用在线学习平台提供个性化学习路径、多媒体资源和实时反馈。同时，课程设置应充分考虑学生的背景和学习能力差异，为不同水平和需求的学生提供定制化的学习体验。

（三）课程内容和结构设计

在设计大学英语课程的内容和结构时，关键是制订详细的课程大纲和教学计划，确保涵盖广泛的主题、学习内容和多样化的学习活动。为了增强学生的参与度和实际操作能力，可以结合任务型教学、项目驱动学习及翻转课堂等现代教学模式。课程大纲应明确每个阶段的教学目标和学习成果。例如，初级阶段的课程可能侧重于基础语言技能的建立，包括语法、词汇和基本听说读写能力的提升。中级阶段则可逐步引入学术英语技能，如阅读和写作能力的培养，以及口语表达的训练。高级阶段则应注重专业领域的英语应用能力，如商务英语或科技领域的沟通技能。

在每个阶段的主题和学习内容设计中，应充分考虑学生的实际需求和职业发展方向。例如，通过真实案例、模拟情景或专业领域的案例研究来引导学生学习和实践。这种任务型教学方法能够激发学生的学习兴趣，并促使他们在实际应用中提升语言能力和解决问题的能力。项目驱动学习可以通过团队合作或个人项目来实现，让学生在跨学科的环境中应用英语进行实际项目开发或研究。例如，设计一个跨文化交流项目，让学生模拟不同文化背景下的商业谈判或团队协作，以培养他们的跨文化沟通和领导能力。翻转课堂则可以利用在线学习平台提前提供课程内容，让学生在课堂上更多地参与讨论、解决问题或进行实践活动。这种模式不仅能够增加学生的学习自主性和批判性思维，还可以提高他们在真实情境下应用英语的能力。教学活动的设计应多样化且具体，包括但不限于小组讨论、角色扮演、辩论、案例分析、实地考察等。这些活动不仅有助于学生的语言技能提升，还能培养他们的团队合作、问题解决和批判性思维能力。

第四章 多元文化背景下大学英语课程的开发

第一节 我国多元文化课程的目标

一、借鉴世界文化的多样性，建立适合我国的多元文化概念

世界正日益成为一个文化多样性丰富的整体。每个文化群体都有其独特的历史、传统、价值观和生活方式，这些元素构成了其存在的理由和不可替代的独特价值。因此，理解和尊重异质文化成为避免文化冲突、实现平等交往和成功合作的关键条件。现代生活的发展使得不同文化之间的交流与接触变得频繁而深入。这种交流不仅限于经济和政治层面，还包括教育、科技、艺术等各个领域。教育的任务之一就是培养学生对多元文化的理解和包容。通过教育，我们可以帮助学生树立开放的心态，敢于面对和接触陌生的文化和人群，而不是排斥或抗拒。中国作为一个拥有悠久历史和丰富文化传统的国家，其自身也是多元文化的融合体。多元文化教育在中国教育改革中越来越受到重视，其目标不仅在于培养学生的国际视野和跨文化交流能力，更在于促进国内不同文化群体之间的相互理解与融合。

多元文化课程的目标是帮助学生深入理解和尊重不同文化的起源、发展历程和核心价值观。通过学习和比较不同文化之间的共同点和差异，学生可以拓宽视野，增强包容心和接纳能力。多元文化教育还旨在培养学生的跨文化交流能力和解决跨文化冲突的能力。学生需要学会有效地与来自不同文化背景的人合作和沟通，理解文化差异背后的深层次原因，以及如何在尊重和包容的基础上进行有效合作和交流。多元文化课程还有助于提升学生的文化自信和增强身份认同感。通过深入了解自己和他人的文化背景，学生可以更清晰地认识自己的文化身份，并在全球化背景下保持自信和开放的态度。多元文化教育的目标也在于培养学生的全球视野和国际

竞争力。在全球化的今天，理解和适应多元文化环境不仅是个人发展的需要，也是国家发展的战略需求。学生通过多元文化教育，不仅能够在国际舞台上更好地表现自己，还能为国家的开放和交流做出积极贡献。

二、为学生创建学习异国文化的平台

学校教育的重要任务之一是为学生提供系统学习某一异质文化（包括语言）的机会，培养他们对该文化的尊重、深刻理解及获取必要的基本技能。这一目标的实现不仅有助于学生理解和尊重其他异质文化，还能够通过跨文化学习基本技能的迁移，帮助他们更好地理解和融入全球化的多元文化环境。通过系统学习某一异质文化，学生能够深入了解该文化的历史、价值观、传统习俗及语言特点。这种深度的学习不仅是对外部文化的认知，更是对自身文化的反思和对比。例如，通过学习中国传统文化，学生可以了解中国悠久的历史和文化传统，领会其中蕴含的智慧和价值观，从而对自己国家的文化产生更深刻理解和认同。深刻理解某一异质文化，可以培养学生的跨文化沟通能力和解决跨文化冲突的技能。人们经常需要与来自不同文化背景的人进行交流和合作。通过学习外部文化，学生不仅能够理解其语言和行为的文化背景，还能够更有效沟通和协商，增进相互理解与信任，为跨国合作提供更加有利的条件。

语言作为文化的重要组成部分，在多元文化教育中具有不可替代的地位。语言课程不仅是学习语言技能，更是理解文化内涵和价值观的重要途径。例如，学习汉语不仅能够掌握一门重要的国际交流工具，还能够了解中国的思维方式、文学艺术及传统习俗，进一步促进跨文化交流与理解。对比学习使学生能够看到不同文化的优缺点，从而更加客观地评估自己文化的长处和不足，促进本国文化的进步和发展。

三、尊重并接纳世界多元文化

要广泛地了解多种文化，扩充对人类的认识，发现多种文化所蕴含的共同性和对美好生活的追求，理解平等与正义的法则，把促进社会的平等与发展视为每一个社会成员的职责；能够运用所获得的方法与技能去探究其他文化的形成与本质，时时以异质文化为镜像，解剖"自己的文化"，促进个人文化的不断成长；以开放的心态去认识世界、认识自我，把以多角度考察问题、概念作为一种思维方式，发现文化多元的价值，增进对文化平等的维护。在我国，多元文化教育的目标不仅是使学生广泛了解和尊重各种文化，还涉及深度的文化探索和跨文化理解能力的培养。多元文化教育旨在开拓学生的视野，使其能够超越狭隘的本土视角，理解和尊重不同文化对美好生活的追求及其价值观。通过比较不同文化的共同性和差异性，学生能够更加全面地认知人类社会的多样性，从而增强对全球社会平等与正义法则的理解和支持。

  多元文化教育强调学生的独立思考和探究能力，使他们能够深入探索其他文化的形成背景、核心价值和文化本质。通过学习和分析异质文化，学生不仅能够理解文化形成的多样性和复杂性，还能够通过异质文化镜像来审视和解剖自己的文化，推动个人文化的进步和成长。多元文化教育倡导学生以开放的心态去认识世界和认识自我。这不仅包括接纳和尊重不同文化的立场和观点，更重要的是培养学生多角度思考问题的能力和方法。学生通过多元文化课程学会从不同文化视角出发，审视和理解复杂的社会和文化现象，从而更好地增进对文化多元化价值和对文化平等的维护。

四、对比并审视本国文化

  异质文化学习为学生审视本国文化提供了宝贵的机会，这种机会不仅仅是了解其他文化的方式，更重要的是通过比较和对话，帮助学生深入反思和理解自己文化的本质和特点。多元文化教育的优势在于能够启发学生以新的视角去审视那些被视为"天经地义"的文化观念和现象。通过对异质文化的学习，学生可以发现隐藏在文化现象背后的预设假设，这些假设常常潜移默化地影响着人们的价值观、信仰和行为方式。

  多元文化教育的另一个重要目标是引导学生在多元文化社会中反思自己文化的形成过程，并且在此基础上构建个人的文化观。这不仅有助于学生深化对本国文化的理解，还能促进个体文化身份的自由发展和充分尊重。只有当每个个体的独特性得到认可和尊重时，文化才能真正繁荣昌盛，从而推动整个社会的文化进步。在多元文化教育中，本国文化课程的重要性不可忽视。这些课程不仅是学生理解自己文化的关键途径，也是学校教育中不可或缺的一部分。没有对本国文化的深入学习和理解，就不可能进行有效的异质文化学习。因此，多元文化教育并不是要削弱或取代本国文化教育，而是要通过对比和对话，促进学生在多元文化环境中更好地理解和尊重自己的文化，同时也更加开放地接纳和理解其他文化。

第二节 多元文化社会中的英语教师角色

一、教师是多元文化知识的传播者

在我国传统的英语课程中，英语作为一门语言工具被广泛重视，其实践和应用能力在教学中占据主导地位。然而，英语课程对于他国历史和文化的介绍相对较少，这使得学生在接触外部文化时缺乏足够的背景知识和理解，容易导致形成盲目排外和闭关自守的思维倾向。随着多元文化意识的觉醒，教育界逐渐意识到在多元文化社会中，教育不仅仅是知识传授和技能培养，还要反映社会文化的多元性和多样性。多元文化教育旨在唤起学生对不同文化的尊重和理解，培养他们跨文化适应能力，以便他们能够在全球化背景下自如地融入和交流。作为教学中的主导者，教师不仅仅是知识的传授者，更是多元文化知识的传播者和引导者。教师需要具备开阔的多元文化教育观，拥有跨文化的视野和敏感度。他们应当了解和尊重不同国家和民族的文化归属性和独特特征，通过教学实践激发学生的多元文化意识。作为主导者的教师，他们需要摒弃狭隘的单一文化本位主义，而是要树立起多元文化的视野。这包括对英语民族的文化传统和语言背景的了解，以及认识到不同文化之间的差异性。只有具备这样的视野和知识基础，教师才能真正理解和尊重来自不同文化背景学生的独特性，有效地引导他们了解和接纳文化的多元性。

多元文化教师在当今社会扮演着至关重要的角色，他们需要具备广泛的多元文化教育观和开阔的多元文化视野。这意味着教师不仅仅要关注学生对外部文化的理解和接受，还要重视本民族文化的价值和特点，从而在教学实践中实现文化的双向传播和理解。多元文化教师需要具备理解多元历史观的能力。他们应当帮助学生拓展对多民族和多种民族群体历史的认识，以及对这些历史在当代社会发展中的影响的理解。这种深层次的历史认知不仅有助于学生掌握特定文化的基本价值和社会化方式，还能帮助他们理解文化背景对个体和社会形成的重要影响。发展文化意识观是多元文化教育的关键之一。随着全球化进程的加强，不同文化之间的交流和碰撞变得日益频繁，因此教师在教学中应选择合适的教学材料和方法，以促进学生观念意识的健康发展。这不仅有助于学生理解和尊重不同文化之间的差异和共通点，还能培养学生在多元文化社会中的自信和适应能力。多元文化教育还要求教师树立反对种族主义、性别偏见和一切形式歧视的观念。教师应强调破除与性别、民族和民族群体相关的成见，强调人类的基本相近性，并帮助学生建立起道德思考的技能。这不仅有助于学生形成尊重、公正和平等机会的价值观，也有助于在教育环境中营造一个包容和谐的氛围。在教师作为多元文化知识的传播者的角色下，他们不仅要引导学生理解和尊重世界文化的多样性，还要重视本民族文化的价值和传承。多元文化教育的目标不仅在于培养学生成为外来文化的接受者，更重要的是让他们成为本土文化价值的传承者和发扬者。因此，教师需要比其他人更敏锐地感受到本民族知识的重要性，并主动学习和了解本民族社会的各个方面，包括历史、地理、生活方式和文化形态等，以便更好地引导学生认识和珍视本民族的传统与创新。

二、教师是多元文化课程的建设者

在多元文化视阈下，教师的角色不再局限于传统英语教学的简单执行者，而是需要成为多元文化课程的积极建设者和推动者。传统上，教师的教学内容和进度严格受到国家教学大纲和教学计划的限制，教学参考资料和考试试卷则由专家和教研部门统一编写，这种模式使得教师往往只是教材内容的传递者和考试内容的讲解者，而课程建设的权力和能力则被削弱。教师需要转变这种角色。教师应当参与到多元文化英语课程的建设中。这不仅仅意味着教师要理解和尊重不同文化的存在，还要在课程设计和教学实施过程中融入多元文化的元素。例如，教师可以选择适合多元文化背景的教学资源和案例，引导学生通过不同文化的文本和实例来理解语言和文化之间的关系，培养学生的文化敏感性和跨文化交际能力。教师需要发挥更多的创造性和主动性，不限于教科书的内容，而是通过多元文化的视角去设计课程和教学活动。这可能包括组织学生参与跨文化交流的活动、引导学生进行文化比较和分析、鼓励学生分享和探索不同文化的个人经验等，从而促进学生在开放的环境中形成更加全面和包容的视野。教师在多元文化教育中扮演的角色还包括教育者和引导者。他们不仅要传授语言知识和技能，还要引导学生思考和探索不同文化背景下的语言使用和社会交往方式。教师可以帮助学生建立自信心，增强对多元文化社会的适应能力，并促进他们在全球化背景下的成功发展。

教师的角色不再局限于简单的知识传授者，而是需要成为课程开发的主动参与者和多元文化教育环境的创设者。传统上，教师往往被视为执行教育部门和教学大纲规定的机械角色，而多元文化的到来要求教师转变这种被动角色，积极参与到课程的设计、实施和评估中。教师需要具备强烈的课程意识和参与意识。这意味着教师不仅要深入理解国家层次、地方层次和学校层次的教学大纲和课程要求，还要能够在此基础上灵活运用，结合学生的实际情况和学习需求设计出符合多元文化视角的课程内容和教学活动。教师应当总结自己的教学经验和实践成果，为课程建设提供第一手资料和案例，使得课程不仅在学校和课堂中有所体现，而且能够不断增值、丰富和完善。教师需要提升课程开发能力，特别是本土化、乡土化和校本化课程的能力。多元文化教育不仅仅是引入外来文化的学习，更重要的是如何结合本地文化和学生的文化背景，使课程更具有地方特色和实际意义。通过引入本土文化元素，教师可以帮助学生更好地理解和尊重自己的文化，同时开拓对其他文化的理解和包容。教师在创设多元文化教育环境中扮演着关键角色。教师不仅要教授学科知识，还要努力营造一种开放、包容和尊重多样性的教育氛围。这需要教师与学生建立信任关系，通过个人故事的分享、家访、书信等方式来增进相互间的理解和尊重。教师还应当充分了解学生的文化背景，尊重和整合学生的多样性，使得课堂成为学习文化差异的空间，而非隔阂和误解的源泉。

三、教师是多元文化教学的研究者

在传统教学模式中，教师往往被视为教学的执行者和行动者，而不是教学的研究者。这种模式导致了教学与研究的脱节，使得教师难以及时适应新课程的要求和多元文化社会的教育挑战。教师需要转变角色，不仅仅是课堂的组织者和知识的传授者，更要成为教学的研究者和问题的解决者。教师应当具备研究者的心态和眼光。这意味着教师不仅要关注教学实践的具体操作，还要以科学的方法和理论为支撑，审视和分析教学中遇到的各种问题。通过自我反思和研究实践，教师能够更深入地理解教学过程中的规律和难点，从而改进和优化教学策略，提升教学效果。

教师作为研究者有两种主要方式。一种是将研究者的理论方案应用于教学实践中，通过理论的指导解决实际问题，从而促进教学策略的更新和教学观念的变革。这种方式强调理论与实践的结合，使得教师能够更有针对性地应对多元文化教育环境中的挑战。另一种方式是教师自主进行行动研究。行动研究强调教师的实际参与和主动性，教师不仅是问题的发现者，还是解决问题的关键人物。通过自我监控、评价和反思，教师能够持续改进自己的教学方式，使教学更加贴近学生的需求和实际情况。行动研究的实质在于让教师不再被动接受外部研究成果，而是主动探索和改进自己的教学实践，从而提高教学质量和学生的跨文化交际能力。

四、教师是多元文化教学的引导者

教师的角色不再局限于传统的教学主审者，而是演变为教学的引导者和组织者。特别是在英语教学中，传统的以教师为中心的教学模式正在向以学生为中心的模式转变，这意味着教师需要更多地扮演组织者、参与者和表演者的角色，以更好地促进学生的跨文化交际能力和英语实际运用能力的发展。在传统的英语教学中，教师往往扮演着知识的传授者和课堂的主导者，课堂上学生主要是接受教师的指导和信息。然而，随着社会的多元化和国际化进程的加快，学习英语不仅仅是学习语言知识，更是一种跨文化的沟通能力的培养。因此，教师的角色需要更多地围绕如何让学生在实际交流中运用英语展开。

教师首先是教学的组织者。他们需要精心设计和组织各种教学活动，如结对活动、小组讨论、班级项目等，以给学生提供丰富的实践机会。通过这些实践活动，学生能够在真实的语境中使用英语，增强他们的语言技能和跨文化交际能力。教师是教学活动的参与者。这种参与不仅仅是在课堂上的指导和讲解，还包括与学生的互动讨论、鼓励学生表达和分享自己的观点和经验。教师是教学活动的表演者。通过生动的教学方式和实际的语言运用场景，教师能够激发学生的学习兴趣，使学生更加积极地参与到教学活动中来。例如，教师可以模拟真实生活中的情境，让学生扮演不同的角色进行角色扮演，这样不仅可以提高学生的语言表达能力，还能增进他们对不同文化背景的理解和尊重。

五、教师是学生的关怀者

教师的角色不仅仅是传授语言知识和文化背景，更重要的是培养学生的语言综合运用能力和综合素养，以及独立思考、创新和实践的能力。这种教学方式不仅让学生掌握语言技能，还能为他们未来的学习和发展奠定坚实的基础。教师在多元文化教学中扮演着知识传授者的角色。他们不仅传授语法、词汇和语言结构，还要通过丰富的语言实践活动，如角色扮演、小组讨论等，帮助学生提高语言交际能力。这种实践性的教学方法不仅让学生在使用英语的过程中学习，还能培养他们分析问题、解决问题的能力。

　　教师在教学中还是引导者和激励者。他们需要设定具有挑战性的学习目标，并通过积极的教学方法激发学生的学习兴趣和动力。在多元文化社会中，教师需要尊重和理解学生来自不同文化和语言背景的差异，并了解他们的学习需求，从而为每位学生提供个性化的学习支持。教师在多元文化教学中还扮演关怀者的角色。除了教学任务，教师还应关注学生的情感和社会需求，通过关心和理解，建立起师生之间的信任和联系。这种关怀不仅仅是对教学内容的关注，更是在于教师如何在教学过程中传递关爱和支持，使每位学生在学习中感受被尊重和重视。教师在多元文化视阈下还要成为学生学习的榜样。他们通过自身的学术和教学实践，激励学生追求卓越，鼓励他们勇于面对挑战和尝试新事物。教师的鼓励和榜样作用能够激发学生的自信心和学习动力，实现个人成长和发展。

六、教师是学生的合作者

　　教师不再仅仅是知识的传授者，更成为学生的合作者和引导者。这种角色转变意味着教师不再单方面地向学生灌输知识，而是与学生共同探索、共同学习，促进他们在语言学习和个人成长方面的全面发展。教师在多元文化教学中是学生学习的督导者和评估者。教师通过课堂上的语言实践活动，督促学生积极参与和学习。他们不仅传授知识，还通过检查学生的学习效果、评价学生的学习过程，为学生提供针对性指导和帮助，帮助学生克服困难。教师在多元文化教学中是学生学习的配合者和倾听者。教师不仅关注课堂上的教学效果，还重视学生的个性发展和学习需求。通过倾听学生的意见和反馈，教师可以更好地调整教学策略，适应不同学生的学习风格和节奏，使教学更加个性化和有效。教师在多元文化视阈下是学生学习过程中的合作伙伴和朋友。教师与学生之间建立起平等和谐的合作关系，共同分享知识、交流思想、解决问题。教师在多元文化教学中是学生学习态度和方法的引导者。他们不仅仅教授学科知识,更重要的是教导学生如何学习、如何思考、如何解决问题。教师通过鼓励学生自主学习、培养良好的学习习惯和方法,使学生在学习过程中不断成长和进步。

第三节 多元文化视野下课程的价值选择

一、获得多元文化知识,建立文化多元的概念

在当今多元文化的社会背景下,理解和尊重不同文化群体之间的差异变得尤为重要。多元文化主义认为,世界由各种独特的文化构成,每种文化都有其独特的历史、价值观和表达方式。这些文化不仅是存在的,而且各自有其合理的存在理由和不可替代的独特价值。因此,特别是在大学英语教学系统的设计中,应当致力于向学生展示和传达丰富的多元文化知识,以促进他们对异质文化的理解与尊重。教育系统应确保学生在学习英语的过程中,同时接触和了解到具有不同文化背景的文学作品、历史故事、艺术表达和社会实践。这种多元文化的教学内容可以通过选择多样化的阅读材料、视听资源及文化活动来实现。例如,可以引入来自非英语母语国家的文学作品,探讨不同文化背景下的思想、情感和生活体验,从而帮助学生拓宽视野,认识到世界上不同文化之间的丰富性和复杂性。多元文化教育不仅是传授知识,还培养学生的跨文化沟通和理解能力。通过任务型教学、项目驱动学习等活动,学生可以在团队合作中学习如何有效地与来自不同文化背景的同事合作,如何在跨文化环境中解决问题和制定策略。这种实践性的学习不仅促进了语言能力的提升,还培养了学生的全球意识和文化敏感度,为他们未来在国际化的工作和社会环境中做好准备。

教育系统应鼓励学生以开放和包容的态度面对本民族文化及外来文化的差异。这意味着学生不仅要学会尊重和理解他们熟悉的文化,还要学会欣赏和尊重其他文化的独特性和贡献。这种态度不仅有助于减少文化冲突和误解,还能促进文化交流与合作,实现更加平等和谐的社会互动。教育系统在设计课程和教学活动时,应考虑如何通过教育引导学生成为具有全球视野和国际竞争力的公民。这不仅包括语言技能的培养,更涉及价值观和人文素养的培养。多元文化教育的目标之一是帮助学

生发展出应对全球挑战的能力，包括环境保护、全球健康和社会公正等方面的挑战。

二、培养多元文化意识，发展对异质文化的理解与尊重

在设计大学英语课程时，应该注重给学生提供系统学习某一异质文化的机会，以培养他们对该文化的尊重和深刻理解。这种深入学习不仅能帮助学生获取理解异质文化的基本技能，还能培养他们积极的态度，使其能够移情地尊重其他异质文化，并将在学习过程中获得的跨文化学习技能应用到理解其他文化上。

系统学习某一异质文化可以通过专题课程或深度研究项目来实现。例如，可以选择中国文化、印度文化或者非洲文化作为主题，通过深入探讨其历史、价值观、艺术表达和社会结构等方面的内容，引导学生从多维度、多角度去理解和分析这些文化的内涵和特点。通过阅读原著、观看文化展示、参与文化活动等方式，学生可以更加全面地了解和感受到这些文化的独特之处。理解和尊重某一异质文化不限于对表面知识的了解，更要通过深入学习和体验，培养学生的开放心态和包容态度。这包括通过文化比较、交流和互动，发现不同文化之间的共同点和相似之处，以及理解文化差异背后的共同人性和对美好生活的共同追求。例如，通过比较中国文化中的孝道与西方文化中的家庭价值观，学生可以逐步领会到文化背后所蕴含的价值，如尊重、亲情、公正等，从而拓展对世界的认知和对自身文化的反思。

可以采用任务型教学、小组合作项目或角色扮演活动，让学生在实际操作中感受不同文化的独特性和丰富性。例如，设计一个模拟情景，让学生扮演具有不同文化背景的角色，在交流和合作中体验文化间的挑战和互动，从而培养跨文化沟通能力和解决问题的能力。同时，教育系统还应强调对文化平等的维护和促进。这意味着要教育学生不仅要尊重他们熟悉的文化，还要接纳和欣赏所有的异质文化，将开放的心态和多元文化视角融入日常的学习和生活中。通过教育，引导学生在面对不同文化时，能够从多角度思考问题，从而更好地理解和尊重他人的文化背景和信仰。大学英语课程的设计应该追求的不仅是语言技能的提升，更是培养学生成为具有全球视野和国际竞争力的公民。这意味着学生不仅要能够流利地使用英语，还要具备解决全球性挑战、推动文化交流与合作的能力。因此，教育系统在设计课程时应该注重培养学生的文化敏感性、全球意识和社会责任感，使他们能够在多元文化

的环境中充满自信，包容性地与他人交流和合作。

三、发展批判性思维，对本国文化进行反思

在当今多元文化教育的背景下，面对复杂的文化差异和社会争议，培养学生批判性思维成为至关重要的任务。批判性思维不仅是分析和判断的利器，更是处理文化多样性和争议性议题时的理性、客观和开放态度的基础。通过批判性思维的培养，学生能够在文化交流和社会互动中获得积极、健康和建设性的学习成果。多元文化教育面临的问题极为复杂，涉及不同文化之间的价值观冲突、认同感问题及对文化认知的误解。在这种情况下，批判性思维能够帮助学生分析和评估不同文化背景下的观点和行为，理解其背后的历史、社会和心理动因。例如，当学生学习某一异质文化时，批判性思维能够帮助他们审视文化行为背后的文化逻辑和内在动机，从而避免简单化和误解。批判性思维的培养需要通过提供丰富的信息和资料来实现。这些信息涵盖社会的各个领域，如政治、经济、教育等，帮助学生从多维度、多角度地了解和分析复杂的社会现象和文化现象。例如，在课堂上引入不同文化的历史事件、社会运动或文学作品，让学生通过辩论、对话等方式表达自己的观点，并从中学习如何从不同的角度审视和理解文化现象。保罗教授提到的批判性思维的关键在于整体经验的对话和论证交换。这意味着学生不仅要具备微观层面的思维技能，如逻辑推理和分析能力，更重要的是要能够在辩论和讨论中理性地表达和辩护自己的观点，同时愿意接受和尊重他人的不同见解。通过这种过程，学生能够修正和调整自己的立场，逐步形成更为成熟和深刻的理解。

多元文化教育还需要引导学生在学习过程中保持开放、客观、诚实和理性的态度。这些价值观是处理文化冲突和社会争议时的均衡点，能够帮助学生在复杂和有争议性的话题上进行深入思考和讨论，而不是简单地采纳或排斥某种观点。例如，当学生面对有关种族、宗教、性别等议题时，批判性思维使他们能够以理性和客观的态度分析问题，而不受个人偏见或社会刻板印象的影响。多元文化教育的目标之一是通过培养批判性思维，帮助学生理解和尊重不同文化之间的差异和共同点，促进文化交流与合作。这种教育不仅有助于个人的成长和发展，还能为社会的文化包容性和进步性做出贡献。因此，教育系统在设计课程和教学活动时应注重培养学生的批判性思维能力，使其成为具有全球视野和社会责任感的公民，能够在复杂和多

元的文化环境中积极参与和贡献。

四、发展实践能力，提高多元文化交往能力

语言不仅仅是交流的工具，更是特定文化的载体和表达方式，同时也承载着民族心理和认同的重要标志。通过语言的学习，学生可以深入理解被学习文化的观点和价值，从而增强对多元文化的认同感和理解能力。因此，语言课程在任何形式的多元文化教育中都扮演着不可或缺的角色。语言是文化的一部分，它反映了一个民族的历史、价值观和社会结构。通过学习一门新的语言，学生不仅仅是在习得词汇和语法规则，更是在探索和理解这门语言背后的文化体系。例如，学习汉语不仅是学习中国的语言，更是进入了中国文化的世界，了解其象形文字的演变、传统的礼仪和价值观念等。这种深入的语言学习过程不仅仅是技能的学习，更是文化认同和跨文化交流的基础。语言的学习帮助学生从被学习文化的成员角度去理解他们的思维方式和行为模式。通过语言的表达和交流，学生可以更加直接地感受和体验到不同文化的独特性和魅力。例如，学习西班牙语可以使学生更好地理解西班牙和拉丁美洲国家的文化背景，如他们的艺术、音乐、文学作品等。这种理解不仅扩展了学生的视野，还能够增强他们对多元文化的包容性和开放性。语言课程的设计应注重跨文化交际能力的培养。这不仅包括语言技能的提升，更包括如何在实际交流中理解和尊重不同文化的沟通习惯和语境。例如，可以通过角色扮演、跨文化项目或合作学习活动，让学生在模拟的环境中体验和应用语言，同时学习如何处理跨文化交际中的文化差异和误解。

语言的学习还能够促进学生的认同感和自我意识的提升。通过掌握一门外语，学生不仅可以更好地与世界其他地区的人交流，还能够更深刻地理解自己的文化身份和历史背景。例如，通过学习法语，一个学生可以更深入地了解法国的历史、文学、哲学等，同时也更加自信地表达自己的观点和思想。语言课程在多元文化教育中的重要性还在于其能够为学生提供参与全球化社会的能力和竞争力。因此，通过语言教育培养学生的多元文化交往能力，不仅有助于个人的成长，还能为社会的文化多样性和全球化进程作出积极的贡献。

第四节 多元文化背景下英语课程的开发

一、多元文化课程的开发

（一）课程开发的概念

课程开发是教育领域中的一个复杂而关键的过程，它通过系统的理论研究和实践操作，旨在基于多学科的理论基础，如哲学、社会学、心理学和文化学等，对课程进行改造、设计和实施。在教育实践中，课程开发不仅涉及课程的组织、结构、标准、目标、计划、内容选择和实施方式，还包括对课程效果进行评价和调整，以确保课程能够有效地实现教育的目标。课程开发的核心在于理论与实践的结合。理论为课程开发提供了指导框架和方法论，各种学科如哲学、社会学、心理学和文化学为课程开发提供了不同的视角和理念。例如，从社会学的角度看待课程开发，强调社会环境对教育的影响和反馈，而心理学则关注学习者的认知发展和个体差异，这些理论支持了课程开发中对目标设定、内容设计和教学方法选择的理性决策。课程开发包括课程组织与结构的拟定。这涉及课程的整体架构、各个单元之间的逻辑关系和学习路径的设计。例如，一门大学英语课程的开发需要考虑到从初级到高级的学习进展、语言技能的层层深入，以及文化背景、学习者特点等因素对课程结构的影响。这种组织与结构的设计不仅要合乎教育学理论，还需符合学生的实际学习需求和发展水平。课程开发的实施和评价是确保教学效果的关键步骤。在实施阶段，教师需要根据课程设计的指导原则和教学策略，有效地进行教学活动，确保学生能够达到预期的学习成果。而评价阶段则包括对学生学习成果的定量和定性评估，以及对课程设计的反思和改进。评价不仅仅是为了检验学生的学习成果，更是为了优化课程设计和提升教学质量。

在多元文化教育的背景下，课程开发模式的建构显得尤为重要。多元文化教育强调不同文化之间的相互理解、尊重和包容，而课程开发必须能够有效地促进学生对多元文化的认知和体验。例如，通过设计涵盖多种文化背景和视角的教学内容，引导学生跨越文化障碍，增强他们的文化敏感性和全球视野。同时，课程开发还应该关注教学资源的多样性和质量，确保学生在学习过程中能够接触到真实和丰富的文化资料，从而深化对文化多样性的理解和认同。在批判与反思的基础上进行多元文化课程开发的建构，意味着教育者和课程设计者需要审视和挑战现有的教育模式和文化偏见，积极探索如何通过课程内容的选择、教学方法的创新和评价体系的建立，来促进学生的跨文化交往能力和文化自觉性的提升。这种批判性思维和反思性实践，不仅能够推动课程开发理论的发展，也能够为实现教育公平和全球化教育目标做出贡献。

（二）多元文化课程开发的理念

多元文化课程的开发是实施多元文化教育目标的重要途径，它旨在通过设计和实施能够有效促进不同文化相互理解与尊重的教育内容和活动。在多元文化课程开发的过程中，需要考虑多种因素对课程设计和实施的影响，这些因素涵盖了深层文化心理结构、文化资源的多元性与选择及多元与一体化课程张力等方面。各民族深层文化心理结构对多元文化开发具有深刻影响，这构成了多元文化课程开发的心理基础。文化心理结构涉及个体和群体对于文化认同、价值观念、情感态度等方面的内在认知和反应模式。例如，不同文化背景的学生在面对教育内容时，基于其文化传统和信仰体系会有不同的接受和理解方式。因此，设计多元文化课程时需要考虑到学生的文化背景，通过深入理解和尊重他们的文化心理结构，才能有效地引导他们接受并融入多元文化教育的内容。多元文化课程开发需要处理各民族地区文化资源的多元性与课程资源选择之间的关系。不同民族地区拥有独特的文化资源，如政治、经济、教育、宗教信仰、民风民俗、文化历史传统等，这些资源反映了各地区的特定文化面貌和发展轨迹。在设计课程时，教育者需要在保持多元性的基础上选择和整合适宜的文化资源，确保课程内容既能够反映地域特色，又能够贴近学生的实际需求和学习背景。例如，在少数民族地区开发多元文化课程时，可以通过地方历史、民俗传统等内容，使学生深入了解和体验本地文化的丰富性。

如何保持少数民族地区课程的多元与一体化张力，是多元文化课程开发中的重要考量。多元与一体化张力指的是在强调地方特色和多元文化的同时，保持课程整体的一致性和教育目标的一致性。这需要教育者在课程设计中精确把握，通过深入调研和综合分析，确立符合地域特点和教育目标的课程框架和内容。例如，可以通过跨学科的方法，如从民族学、社会学、教育学、文化人类学、民族心理学等多学科的视角，对地方文化的特点和教育需求进行系统梳理和研究，为多元文化课程的开发提供理论和实践的支持。在多元文化课程的开发过程中，教育者需要认真审视和剖析各种课程开发模式，通过批判性思维和反思性实践，构建适应于不同民族地域特色的多元文化课程模式。这意味着不仅要考虑到理论层面的指导和学科知识的应用，还要充分考虑实际情况和学生的实际需求，以确保多元文化教育目标得到有效实施和落地。

（三）国内多元文化课程开发模式的研究

1. 自下而上的"草根"模式

课程作为广义文化的一部分，深受特定时代和社会条件下的政治、经济和文化因素的影响和制约。特别是在20世纪五六十年代的新课程运动中，许多国家纷纷采用了"中心-外围"的方式进行课程开发，这种模式主要指由某个中央机构或中心负责设计和制定课程，然后统一提供给分布在各地的外围学校使用。这一时期的课程开发模式不仅在教育领域产生了深远影响，也反映了当时社会、政治和教育理念的变迁与发展。20世纪五六十年代是全球教育领域发展的关键时期，许多国家正面临着从传统教育模式向现代化教育体系的转变。这一时期，随着经济的快速发展和社会结构的变迁，教育被视为促进国家发展和社会进步的关键因素，课程作为教育的核心内容，自然成为政府和社会关注的焦点。在政治因素的影响下，许多国家在五六十年代经历了政治制度和意识形态的巨大变革。在社会主义国家，政府强调教育的社会主义化和全面发展，课程被设计为培养社会主义思想和价值观的重要工具。例如，苏联的课程开发模式强调科学技术和社会主义理念的融合，通过中心化的课程设置和管理，确保了教育体系对社会主义政治目标的服务性。在资本主义国家，课程开发则更多地受到市场需求和经济发展的影响。例如，美国在五六十年代推动了"新数学"和"新科学"运动，试图通过统一的课程标准和内容，提高学生的数学和科学素养，以应对技术和工业发展带来的挑战。经济因素也是影响课程开发的重要因素。随着经济的快速增长，教育被视为提升人力资源和劳动力市场竞争力的重要途径。课程的设计和内容不仅仅要适应当时的产业需求，还需要与社会经济发展保持同步，以确保教育培养的人才能够有效地适应和推动经济的进步。

文化因素在课程开发中也发挥了重要作用。不同国家和地区的文化背景、历史传统及社会风貌，决定了教育内容的选择和课程目标的设定。在这一时期，许多国家在课程开发中强调本土化和民族化，试图通过教育内容的传承和弘扬，加强国家和社会的认同感和凝聚力。课程开发模式中的"中心-外围"方式反映了当时政府对教育中央化和规范化管理的追求。中心化的课程设计和制定，能够确保教育内容的统一性和质量控制，同时也能够有效地推广和普及先进的教育理念和技术。然而，这种模式也面临着地方特色和个体需求的忽视，可能会影响到教育的灵活性和适应性。在当今全球化和信息化的背景下，课程开发模式已经发生了显著的变化。越来越多的国家和地区开始推行分权化和灵活化的课程开发模式，注重根据地方特色和学生需求定制教育内容，强调个性化学习和跨学科的综合素养培养。这种趋势反映了教育理念从单一、统一向多样化和个性化发展的转变，更加重视学生的个体差异和发展需求。

2. 双语教育模式

教育与语言密不可分，因为语言不仅是人类交流的工具，更是文化的重要载体和表达方式。在文化多样性的背景下，语言扮演着连接不同民族和文化的桥梁角色，对于中国这样一个统一多民族的国家尤为重要。在教育的领域中，如何有效地结合语言和文化，实现多元文化主义的教育理念，是当前课程开发的关键之一。语言作为传统文化的载体，在中国具有深厚的历史和文化积淀。汉语作为中华民族的共同语言，不仅是民族的"通用语言"和"公共语言"，更是不同民族之间沟通交流的基础。汉语的普及和使用，促进了全国各民族之间的交流与融合，为构建和谐统一的多民族国家提供了重要的语言支持。针对少数民族地区的语言教育，双语教育模式被认为是一种科学和明智的选择。这种模式不仅尊重和保护少数民族的语言权利，同时也促进了他们与汉族主流文化之间的交流和理解。通过双语教育，学生不仅能够掌握汉语作为国家的统一语言，还能够保持和发展自己民族的语言和文化传统。这不仅有助于维护少数民族的文化身份和认同感，也有利于整体社会的文化多样性和包容性。双语教育不仅是语言技能的传授，更是传递和弘扬民族优秀传统文化的重要途径。通过学习少数民族语言，学生能够更深入地了解和体验各民族的历史、习俗、宗教信仰等方面的文化内容，增进对多元文化的理解和尊重。这种理解不仅停留在表面层面的文化特征，更涉及对不同文化背景下人们思维方式、行为习惯、生活方式等深层次认知的体验和体悟。

在课程开发中,实施双语教育模式需要综合考虑多方面因素。一是教育资源的配置和支持,包括教材编写、师资培训、教学设施建设等方面的投入。为了确保双语教育的质量和有效性,需要有针对性地制定和完善相关的教学大纲和课程标准,确保教育内容既符合汉语普及的要求,又能够体现少数民族语言和文化的特色。二是教育管理体制和政策的支持。政府部门应该制定相关政策和法规,支持和推动少数民族地区的双语教育发展,保障各级教育机构在实施双语教育过程中的政策支持和资源保障。三是建立健全的监督评估机制,及时跟进和调整教育政策,确保双语教育的实施效果和社会效益。四是教育者和社会各界也应该加强对双语教育的理解和支持,培养和造就一批具有跨文化交流能力和全球视野的教育工作者。他们不仅需要具备专业的语言教学技能,还需要具备深厚的文化理解和跨文化交流的能力,以促进教育的多元化和国际化发展。

(四) 本土化建构模式

本土知识作为每个民族在其生存、延续和发展过程中形成的独特文化内容和形式的知识体系,是人们共同分享的精神财富和生产生活的重要影响因素。在中国,传统的藏医药、彝医学、民俗学等丰富的本土知识,不仅反映了各民族丰富的文化传统,更是这些民族理解和解决问题、认识世界的重要视角和工具。因此,本土知识的传承和重建对于促进本土社会的可持续发展和独立自主发展至关重要。本土知识具有深厚的历史积淀和文化背景。它不仅包括传统医药、民俗传统,还涵盖了民族语言、传统技艺、生态智慧等多个领域。这些知识体系不仅在理论上很丰富,在实践中还为本土社会提供了解决问题的有效途径。例如,藏医药作为西藏地区独有的医疗体系,不仅涵盖了草本药物的运用,还包括独特的诊断方法和治疗理念,为当地人民的健康提供了重要支持。本土知识对于维护和传承民族文化的认同感和凝聚力至关重要。各民族面临着文化认同的挑战,而本土知识的传承和发展可以帮助民族社群更好地保持和传承自己的文化特色和价值观。通过教育体系中的课程开发,可以有针对性地弘扬和传播本土知识,培养年轻一代对本土文化的认同感和自豪感,从而增强社会的文化连续性和稳定性。

本土知识的重建对于消解"核心""边缘"体系的刻板印象具有重要意义。过去，中心化教育和信息传播的限制，往往会使得少数民族地区的本土知识和文化被边缘化或歧视。现代教育的发展和多元文化的推广，可以有效地弥补这种差距，让更多人了解和尊重不同文化的价值和贡献。这不仅有助于建立更加公正和包容的社会秩序，也促进了全球文化生态的多样性和均衡发展。特别需要关注各民族在本土知识基础上建立的信仰、价值观和文化心理结构。这意味着不仅仅是传统知识的传承，更要从深层次理解和尊重的角度出发，更新和调整我们的课程哲学和教学方法。通过采纳本土知识的视角和理念，可以使教育内容更加贴近学生的实际生活和文化体验，提升教育的实效性和社会影响力。借助本土知识的力量，可以建立真正多元和多样的人类发展文化生态。这不仅有利于丰富教育的内容和形式，还有助于促进社会的创新和进步。通过跨学科的研究和交流，可以发掘和挖掘更多有益于社会发展的本土智慧和经验，为未来的教育改革和社会进步提供可持续的动力和支持。

二、多元文化课程的实施

（一）多元文化课程实施的含义及特点

1. 多元文化课程实施的含义

课程实施是将设计好的课程计划付诸实践的过程，它不仅仅是简单地传达知识，而且通过多种活动和教学方法来达成预期的教育目标。在多元文化教育课程的实施中，这一过程尤为复杂和关键，因为它需要有效地促进不同文化之间的互动和交融，同时尊重每个学生的文化背景和身份认同。多元文化教育课程的实施不仅仅是简单地将少数民族的文化资源纳入现有的课程框架中。相反，它要求教师和教育机构深入思考如何在各种学科中体现多元文化的精髓和特色。例如，在语言课程中，可以通过选择多元文化的文学作品和口语材料来展示不同文化的语言表达方式；在历史和社会科学课程中，可以引入多元文化的视角和事件，帮助学生理解不同文化在历史进程中的角色和影响。

多元文化教育课程的实施需要考虑到地方性和区域性的特点。各地区和社区拥有独特的文化资源和传统，这些应当被纳入教育课程中以增强学生对当地文化多样性的认识和理解。例如，可以组织学生进行地方性的文化考察、民俗活动参与或者实地体验，以便让学生身临其境地感受和理解多元文化的魅力和深度。成功的多元文化教育课程实施需要一个科学且有力的课程观念作为指导。教师不仅需要对文化多样性有深刻理解，还需要具备跨文化沟通和教学设计的能力。通过设定具体的课程目标、灵活运用不同的教学策略和评估方法，教师可以确保课程实施的质量和有效性。多元文化教育课程的实施要关注学生的全面发展，不仅仅是认知能力的提升，还包括技能、情感态度等方面的培养。通过让学生参与各种多元文化活动和项目，如跨文化交流、合作学习和文化展示等，教师可以促进学生的社会情感发展，增强其尊重和包容不同文化的能力。

2. 多元文化课程实施的特点

在当前教育领域，多元文化课程实施涉及多个关键概念，其中包括多元、文化和多元文化教育。这些概念不仅仅是理论上的框架，更是实现教育公平、多样化和个性化的重要指导原则。多元性所强调的是事物的多样性和灵活性。在教育中，多元性体现了民主、自由、开放和宽容的精神，鼓励个体的独特性和创新。这种理念认为，在现代社会中，个体的社会化过程不仅仅是获取知识和技能，更是塑造个体身份认同和价值观的重要途径。因此，多元文化课程的建设必须以"育人为本"的设计思想为指导，旨在培养具备全面发展和多层次才能的学生。多元文化课程实施的关键在于课程目标的多元性。传统上，课程目标往往偏重于知识传授或经验积累，而现代的多元文化课程要求课程目标更加全面和多元化，包括知识获取、智力发展、个性和谐等多方面因素。这种整体性的课程目标不仅指导着课程的编制和实施，也促进了学生多方面能力的培养和发展。多元文化课程的设置和内容需要体现地方性和民族性。在国家课程框架的指导下，各地区和学校应当根据本地区的政治、经济、文化特点及学生的心理素质，灵活设置符合当地实际情况的课程。这不仅能够增强课程的接地气和实效性，还能够更好地激发学生的学习兴趣和参与度。多元文化课程的选择、改革和建构必须紧密关注教育个性化的理念。只有在充分体现个性化教育的思想下，课程的设计才能真正反映出学生的多样性和个体需求，从而有效推动教育的现代化和未来化发展，实现人与社会的协同发展目标。

3. 课程形式的多元性

多元文化教育的实施不仅是教育改革的必然趋势，也是教育公平和社会包容的具体体现。多元文化教育的理念和实践正在不断演变和深化，旨在为所有学生提供平等的学习机会，促进他们在跨文化社会中的全面发展和成功。多元文化教育致力于使所有学生理解和尊重具有不同文化背景的社会多样性。这不仅包括学习主流文化，还要求学校将少数民族文化和历史纳入教育体系，以丰富课程内容和教学方法。美国的研究显示，学生们普遍认为当前教育体系缺乏对少数族群文化的反映，希望学校能更多地包含他们自身文化的内容，以增强学习的吸引力和实用性。这种反映和尊重不同文化的做法，不仅有助于学生建立自豪感和身份认同，也提升了他们的学习动机和参与度。多元文化课程的实施要求教育者摒弃偏见和歧视，设计更具个性化和意义深远的教育活动。这意味着课程内容应当能够触及学生生活和社会实践中的重要议题，如种族平等、社会正义和文化多样性。通过这些课程，学生不仅能够获得知识和技能，还能培养出发掘问题、分析问题和解决问题的能力，这对他们未来在多元文化社会中的生活和职业发展具有重要意义。多元文化教育的实施需要建立适宜的教育环境和教学策略。这包括制定全面的课程战略，整合正式和非正式课程，以及积极鼓励民主的教学实践和参与式学习。教师在教学中不仅要传授知识，更要成为学生的引导者和合作伙伴，共同探索和理解不同文化的价值观和信仰，从而培养学生的跨文化沟通能力和全球视野。

（二）多元文化课程实施步骤

1. 多元文化课程目标的确立

课程目标不仅指导着整个课程设计的方向，还直接影响到教学活动的组织、实施和评价。随着社会需求的多样化和教育价值取向的日益复杂，制定课程目标变得愈发复杂而关键。课程目标的范围应当广泛而全面。这意味着课程目标不应局限于狭隘的认知领域，而应涵盖学生在知识、技能、态度和价值观等多个方面的综合发展。现代教育注重培养学生的全面素质，因此，课程设计应该同时关注学术能力的提升和非专业能力的培养，如沟通能力、批判性思维、团队合作等，以应对日益复杂和多样化的社会需求。课程目标必须具备有效性。有效的课程目标应当反映社会和教育的价值取向，能够明确课程设计的意义和目的。这不仅有助于确保教育活动与社会期望保持一致，也使得学生在课程学习过程中能够获得实质性的成长和发展。课程目标的制定必须考虑到可行性。课程目标应当基于学生已有的知识基础和能力水平，结合学校的资源和可用的时间，确保目标的实现过程顺利而有效。一个可行的课程目标应当既具有挑战性，又不至于超出学生的学习能力和学校的教学资源。课程目标需要具备相容性。这意味着课程目标应与其他相关目标和教育理念相互一致，无论是教育目标、培养目标还是其他相关的课程目标，都应在总体培养方向和要求上保持一致和兼容。这样的一致性有助于形成统一的教育体系，提高教育的效益和实效。课程目标的明确性至关重要。只有当课程目标被具体、明确地定义和描述时，教师和学生才能清晰地了解实现目标的路径和进程。明确的课程目标有助于教师正确地选择和组织教学内容，有效地指导课堂教学活动，并为课程评价提供可检验的依据和标准。

2. 多元文化课程内容的制定

课程内容不仅是课程的主体部分，还直接决定了学生在学习过程中能否达到既定的课程目标。内容的选择、组织和构成必须紧密围绕课程目标展开，并且要综合考虑多方面的因素，以确保课程的基础性、有效性、与学生兴趣和社会现实的结合。课程内容的基础性和有效性的结合是关键。基础性内容确保学生掌握必要的学科知识和技能，为其未来的学习和职业生涯打下坚实的基础。有效性则要求内容具有挑战性和吸引力，能够激发学生的学习兴趣和主动性，促进他们在学术和非学术领域的全面发展。内容必须能够结合学生的兴趣和需求。学生在学习过程中的积极性和参与度往往取决于他们对学习内容的兴趣程度。因此，课程设计者应当考虑到学生的多样化需求和兴趣，选择能够激发他们好奇心和学习动机的内容，从而提高学习效果和成就感。

内容与社会现实的结合也是不可忽视的方面。现代社会发展迅速，课程内容应当与社会的实际情况和需求相契合，使学生能够通过学习获得对社会的深刻理解和实际应用能力。这种结合不仅有助于学生在学术上的成长，还能为他们未来的职业发展和社会角色扮演做好准备。课程内容的选择尤为重要。根据詹姆斯·林奇教授的观点，多元文化课程内容的选择应当涵盖广泛的国际视野和多元文化的社会价值准则。这意味着教育者不仅要消除对少数民族的刻板印象和偏见，还要通过课程内容的设计，让学生能够理解和尊重不同文化背景下的多样性，培养跨文化沟通和合作的能力。

三、多元文化背景下英语课程的开发趋势

(一) 多元文化与双语教学

1. 多样化

在多元文化背景中，双语教学的多样化发展已经成为历史发展的必然趋势。不仅各国在双语教育领域的发展路径各异，即使在同一个国家内，不同少数民族的双语教学发展模式也呈现出多样性。以中国和美国为例，它们展示了在文化、社会和教育背景下双语教学的丰富变化和发展。双语教学不仅仅是语言的学习，更重要的是文化的习得和理解。在这一教育模式中，如何使学生不仅掌握两种语言，还能够深入理解和尊重两种文化，是一个至关重要的挑战。双语教学的教育者需要巧妙地整合课程内容，引入相关种族和族群的文化元素，以促进学生的跨文化交流和理解能力。从教育家赫斯特和费尼克斯的视角来看，双语教学不仅仅是关于语言的学习，还涉及关于世界的多种理解形式。赫斯特提出的七种知识形式，包括数学、自然科学、关于人的知识、文学与美术、道德、哲学和宗教，为双语教学提供了广泛的知识领域和学科背景。这些知识形式不仅是学术的，也是文化和社会的，对于双语教学的内容设计和整合具有指导意义。双语教学的多样化发展还反映在其模式和方式上。不同国家和地区根据其独特的文化背景和教育需求，选择和发展适合本地区特点的双语教学模式。例如，中国的双语教学可能更注重汉语与少数民族语言的结合，以及相关文化的传承；而美国的双语教学则可能面对更多种族和族群的语言和文化需求，需要更广泛的跨文化教育策略和方法。

2. 现代化

在现代社会，人们对个体的期望不限于掌握语言技能，更强调具备现代化的思想观念、思维方式和行为方式。这种现代化要求包括开放性、创造性、进取心和开拓精神等品质，这些品质不仅在个人生活中具有重要意义，而且也在教育领域特别是双语教学中显得尤为重要。双语教学的目标之一是培养具有现代意识、现代观念和现代行为方式的学生。现代化的核心在于人的现代化，这包括四种最基本的品质：求变化、尊重知识、有自信和开放性。求变化，意味着个体能够适应社会变革

和科技进步，不断学习新知识，灵活应对复杂的环境。尊重知识，是指个体具备批判性思维，能够客观理性地对待信息和事实，不盲从不质疑。有自信，是指个体对自身能力和价值有清晰的认知和自信心，能够在竞争激烈的社会中保持稳定和积极进取。开放性，则要求个体具有包容性和多元化的思维，能够接纳不同文化、观念和思想，积极参与国际交流和合作。双语教学作为一种以两种语言为媒介的教学实践活动，不仅仅是语言技能的学习，还是现代教育理念的体现。在双语教学的实践中，教师和学生都需要具备现代化的思想观念和行为方式。教师需要具备开放性和创新精神，不断探索新的教学方法和策略，适应快速变化的教育环境。他们还应该积极引导学生尊重不同文化和语言，促进跨文化交流和理解。而学生则需要具备自主学习的能力，善于跨文化沟通和合作，不仅在语言上能够流利表达，更重要的是能够在不同文化背景下融入和进行交流。

（二）多元文化背景下的英语教学要实现民族文化传承

在多元文化背景下，英语教育的重要目标之一是实现民族文化的传承。这不仅意味着要增强学生的民族认同感和民族自豪感，还包括促进本国和本民族优秀文化的继承和发扬。为了达到这一目标，教育需要从几个方面进行努力和实践。教育需要让学生深入了解本国和本民族的文化。通过教学内容的设计和实施，学生应该有机会学习和体验本民族的语言、历史、文学、艺术等方面的精华。这不仅包括传统文化的传承，还包括对现代文化的理解和赋予新的内涵。学校可以通过开设相关课程、举办文化活动等方式，激发学生对民族文化的兴趣和热爱，从而培养其对本民族文化的认同感和自豪感。教育还需要培养学生客观、独立和辩证的思维方法。学生应该学会用辩证的眼光看待本族文化和西方文化，理解文化的多样性和相互影响。这不仅有助于他们更好地理解和接受多元文化社会的现实，还能够帮助他们在面对外来文化时保持自我身份和文化认同的稳固。通过教育，学生能够培养出抵制外来文化侵蚀的能力，从而保护和弘扬本民族的文化传统。同时，实现民族文化的传承还需要重视教师和学生的跨文化交际能力。教师不仅要在专业知识的基础上加强对中西方文化的了解，还应该具备跨文化沟通和交流的技能。教师可以通过参加跨文化培训、研讨会或国际交流活动，增强自身的跨文化视野和能力，进而在教学实践中为学生树立良好的榜样。教师的文化素养和教学态度对学生的文化传承至关重要，他们的言传身教能够激发学生对文化学习的兴趣和认同感。

（三）英语教学中要突出人文教育的重要性

人文教育是一种注重培养学生人性、发展个性和全面和谐发展的教育理念。它通过学习人文知识、弘扬人文精神，旨在提升学生的人文素质和综合能力。在20世纪70年代中期，全球范围内开始关注忽视人文教育可能带来的严重后果，这促使人文教育恢复成为重要议题，并在社会发展需求下逐步复兴，特别是在高等教育领域。人文教育的复兴，尤其在发达国家的高校中展开，它不仅注重学生在科学领域的发展，还强调人文和科学之间的互动与均衡发展。这种教育模式旨在培养学生全面发展、健康成长的良性态势。如今，全球范围内对人文社会科学教育的加强和重视已成为高等教育改革和发展的普遍趋势。在中国，人文教育在20世纪90年代成为重要议题和研究领域。随着社会需求的变化和对高等教育质量要求的提高，中国高校开始积极探索和推广人文教育。1998年，《关于加强大学生文化素质教育的若干意见》的发布标志着中国高等教育对人文教育的正式重视。此文件设立了高等学校文化素质教育指导委员会，并提出了在全国高校建立文化素质教育基地的具体措施，旨在通过课程设置、教学改革和师资培养等途径，普及和提高大学生的人文素养和科学素质。

具体来说，人文教育的实施涉及多个方面的改革和探索。一是培养目标的重新定位，要求学校不仅注重学术知识的传授，更要关注学生的人文素养和综合能力的培养。二是教育体制的改革，包括教学方法的创新和教学资源的优化，以提升人文教育的实效性和吸引力。三是课程设置的多样化，其也是推动人文教育的重要手段，通过开设跨学科的人文课程，帮助学生全面理解和体验人文科学的深度和广度。在实践中，人文教育不仅仅是传授知识，还要培养学生的人文精神和批判性思维能力。教师在人文教育中扮演着关键角色，他们不仅是知识的传递者，更是道德和文化的引领者。因此，提高教师的文化素养和教育理念的更新是推动人文教育发展的重要保障。在此基础上，高校英语教育和人才培养方面实施人文教育的研究主要涉及以下几个方面。

1. 在高校英语教学中实施人文教育的理念及思想研究

于根元先生关于"语言的人文性"的论述，深刻揭示了语言学研究应该具有的两个重要方面。他强调语言研究不应仅局限于语言本身的结构和功能，而应关注其人性、人文性、文化性及社会性。这种视角要求语言学者不仅要研究语言形式和语法规则，更要探索语言如何反映和塑造人类的思想、文化和社会行为。于根元先生强调语言学研究必须与语言的使用者、社会环境及文化背景紧密结合。语言并非孤立存在，它是社会生活和文化交往的重要媒介。因此，了解和分析语言，必须考虑到它在特定社会和文化背景中的运用和意义，这需要语言学与其他人文社会科学领域展开紧密的对话与合作，共同探索语言的广泛影响及其背后的文化因素。

胡美云在《高校英语教学中的人文教育理念》中进一步探讨了人文教育在高等教育中的重要性和实施策略。她指出，培养学生的人文素质是提升教育质量的关键之一，而实现这一目标的核心在于更新教育工作者的观念和提升教师的人文素质。教育工作者的观念更新是指教师需要转变教育目标和教学方法，将人文教育理念融入教学的方方面面。这包括在教学内容的选择和安排上，不仅注重语言知识的传授，还关注语言背后的文化内涵和历史背景，通过文学作品、历史文化探讨等方式，引导学生深入理解语言与文化的互动关系。教师个体的人文素质提升至关重要。教师不仅要具备扎实的学科知识，还要具备宽广的人文视野和深厚的文化素养，能够为学生提供全面的语言教育。通过持续的专业发展和跨学科的学习，教师能够更好地理解和应用人文教育理念，为学生树立积极的学习榜样。人文教育的实施需要在教学评价和学生发展上持续贯彻人文教育理念。评价不局限于语言技能的测量，还要考查学生对文化和社会背景的理解和应用能力。这种综合评价有助于培养学生的全面发展，使他们不仅具备语言能力，还能够在跨文化交流中表现出色。

2. 在高校英语教学中实施人文教育的必要性研究

潘文国的《文化语言学中国潮》（1995）、胡文仲与高一虹的《外语教学与文化》（1997）、陈申的《外语教育中的文化教学》（1999）、顾嘉祖的《语言与文化》（2005），以及其他相关硕博论文的研究成果，深入探讨了语言与人文教育的紧密关系，强调了在外语教学中培养学习者文化意识和人文素养的重要性。这些研究从多个角度出发，旨在揭示语言学习与文化教育之间的相互作用及其对学习者的深远影响。它们关注语言作为文化载体的角色。语言不仅仅是交流工具,更是文化传承和认同的重要表达方式。通过语言学习,学生不仅掌握语法和词汇,更深入理解和感知不同文化背景下的思维方式、价值观念和社会习俗。这种文化意识的培养有助于学生在跨文化交流中更加敏感和包容,从而提升国际视野和全球竞争力。这些研究强调了语言与文化的互动关系。语言的使用不仅受到文化背景的影响,同时也塑造和影响着文化的发展和演变。在外语教学中,通过引入和探索不同文化的语言现象、语用规范和语言符号,教师能够帮助学生理解语言背后的文化内涵,从而加深他们对文化多样性的理解和尊重。

这些研究强调了人文素质在语言学习过程中的重要作用。人文素质不仅包括文化知识的广度和深度,还涵盖了学生的批判性思维、跨文化沟通能力和社会责任感。具有人文素养的语言学习者,不仅能够更好地适应多元文化社会,还能够为构建和谐的国际关系作出积极贡献。这些研究成果为外语教育提供了理论支持和实践指导。它们倡导在教学中融入文化教育元素,设计能够激发学生兴趣和参与度的教学活动,如文化节庆的庆祝、跨文化交流的项目等。学生不仅学习语言,还能够体验和感受不同文化的魅力,增强他们的文化认同感和全球视野。

3. 高校英语教学中实施人文教育的途径和策略

在外语教育领域,应云天在其著作《外语教育语言学》(1999)中提出了一系列新颖而深刻的外语教学原则,这些原则包括系统原则、交际原则、认知原则、文化原则和情感原则,这些原则不仅对教师在教学实践中具有指导作用,也为学生的全面发展提供了理论基础。系统原则强调了语言教学的系统性和连贯性。语言学习应该是有条理、有组织的,教师需要根据学生的学习需求和语言水平设计系统化的教学活动和课程内容,确保学习者能够逐步掌握语言的各个方面,从而建立起稳固的语言基础。交际原则将语言学习置于真实的交际环境中。应云天认为,语言的最终目的是交流沟通,因此教学应该注重培养学生的交际能力和实际运用能力。教师应该设计各种交际活动,如角色扮演、讨论和辩论,以激发学生的语言表达能力和交际技巧。认知原则强调了语言学习与认知能力的相辅相成。语言学习不仅仅是词汇和语法的学习,更应该培养学生的思维能力、分析能力和解决问题的能力。通过学习外语,学生能够拓展自己的认知领域,理解和适应不同的文化和思维方式。文化原则是应云天外语教育理念中的重要组成部分。她认为,语言与文化密不可分,教学应该注重教授语言背后的文化内涵和价值观念。通过文化教育，学生能够更深入地理解语言的使用背景和文化特征，从而增强跨文化交流的能力和文化认同感。

情感原则强调了教学过程中情感因素的重要性。语言学习是一种情感投入和体验过程，应云天提倡在教学中培养学生对语言学习的积极态度和情感参与，通过创设轻松愉悦的学习氛围，激发学生的学习动机和情感共鸣，从而促进语言学习的效果和持久性。除了应云天的理论贡献，储春艳在《大学英语教学中开展人文教育的途径》中进一步探讨了在高等教育环境中如何推动人文教育的实践。她强调教师在课堂中深挖主题，引导学生通过学习语言和文学作品来思考人文价值和社会意义。此外，通过小组活动和老师的身体力行，储春艳提倡在课堂上渗透人文教育，使学生在语言学习的过程中能够接触和体验到丰富的人文内容。

4. 在高校英语教学中实施人文教育的模式探索及可行性分析

徐亚辉在《大学英语人文教育创新研究》中提出了一种新的高校英语教学实施人文教育的模式，这反映了在多元文化背景下，高校英语教育如何适应和发展人文教育的重要性和必要性。除此之外，还有许多关于高校英语教学中实施人文教育的现状、调查研究及相应对策的实证研究论文，这些研究为理解和推动高校英语教育向更为人文化和综合性方向发展提供了理论与实践支持。高校英语教学要实现健康发展，确实需要重视人文教育的重要作用。人文教育不仅仅是传授语言技能，更是通过语言学习来培养学生的人文素养和综合素质。这种教育模式旨在丰富学生的人文知识，提升其文化修养，以及促进其对社会、历史和文化现象的深刻理解和反思能力。多元文化背景下的人文教育需要深入探索其内涵和实现路径。这包括通过课程设置和教学方法的创新，将文学、历史、哲学等人文学科融入英语教学中，使学生在语言学习的同时能够接触和理解不同文化背景下的思想、价值观和艺术表达形式。例如，通过文学作品的阅读，学生可以了解和体验不同文化背景下的生活方式和情感表达，从而培养跨文化交流和理解能力。

实现英语教学的人性化是关键。人性化的英语教育不仅关注语言技能的培养，还注重学生个体的发展和情感认同的培养。教师在教学过程中应当关注学生的情感态度和学习动机，通过鼓励学生表达自己的观点和情感，促进其在语言学习中的参与感和认同感。人文教育的目标是使学生的语言和文化综合素质得到提升，成为综合素质全面发展的完整人。这不仅仅是为了培养专业技能,更是为了培养具有广泛视野和开放思维的全面发展的个体。通过人文教育,学生能够拓展自己的认知边界,增强对多样文化的尊重和理解,形成积极进取的人生态度,为未来的职业发展和社会参与奠定坚实的人文基础。

第五章 大学英语教学多元化模式构建

第一节 个性化大学英语教学模式的构建

一、个性化教学的理论基础

个性化教学作为现代教育的重要理念，其理论基础可以追溯到多种教育学派和心理学理论。知识不是通过教师的灌输获得的，而是学生在已有经验的基础上，通过主动探索和社会互动自行建构的。这一理论强调学生的主体地位，要求教学过程中关注学生的个体差异和独特需求，从而促进个性化教学的发展。人本主义心理学强调每个个体都是独特的，自我实现是人类的基本动机。这种观点要求教育应关注学生的个性发展，尊重学生的情感和价值观，鼓励他们在学习过程中实现自我。卡尔·罗杰斯的"以学生为中心"的教育思想和马斯洛的需求层次理论都强调个体的自主性和个性化需求，为个性化教学的实践提供了理论依据。

差异化教学理论强调教师应根据学生的不同兴趣、能力和学习风格进行教学设计，以满足每个学生的学习需求。霍华德·加德纳的多元智能理论指出，人类具有多种不同的智力类型，如语言智力、逻辑-数学智力、空间智力等，每个学生在这些智力类型上的表现各不相同。因此，教师在教学过程中应采用多样化的教学方法和评价方式，激发学生的潜能，促进其全面发展。认知心理学的发展也为个性化教学提供了科学依据。认知心理学研究表明，学生在学习过程中具有不同的认知风格和信息加工方式。通过了解学生的认知特点，教师可以设计出更加贴合学生个性化需求的教学策略，帮助他们更有效地理解和掌握知识。例如，采用图像、声音、文字等多种信息呈现方式，可以更好地适应学生的认知偏好，提高学习效果。

列夫·维果茨基的社会文化理论强调，学习是一个社会互动的过程，个体的发展是在社会环境中通过与他人的互动和合作实现的。维果茨基提出的"最近发展区"概念指出，学生的潜在发展水平在教师或更有经验的同伴的指导下可以得到提高。个性化教学应充分利用这一理论，通过协作学习、同伴教学等方式，促进学生在社会互动中实现个性化发展。情境学习理论认为，知识和技能的学习应与实际情境相结合，学习过程应当是情境化的、真实的和有意义的。通过创设真实的学习情境，个性化教学可以帮助学生更好地将知识应用于实际生活，提高学习的实效性和针对性。行为主义理论也对个性化教学有一定影响。尽管行为主义更多关注外部行为的改变，但其强调强化和反馈在个性化教学中同样具有重要意义。通过及时的反馈和个性化的强化措施，教师可以帮助学生建立正确的学习行为和习惯，促进其个性化发展。

二、个性化大学英语教学模式的构建方式

（一）建立个性化教学指导组织

建立个性化英语学习指导组织对于大学英语教育的质量提升和学生个性的发展具有重要意义。这样的组织不仅能够系统地规范和推动个性化教学的实施，还能够有效地利用校内外资源，为学生提供更加个性化、精准的学习指导和支持。个性化英语学习指导组织应当在制度上规范个性化教学的实施。这包括确立个性化学习的计划方针、指导原则和具体实施细则。通过制定明确的指导文件和政策，组织能够为教师和学生提供清晰的指导方向，确保个性化教学在全校范围内持续、有序地开展。个性化教学指导组织的职能包括就个性化学习的实施中出现的问题及时提出应对策略。通过定期评估和调查，组织可以收集和分析学生、教师及教学环境的反馈意见，及时调整个性化教学的策略和措施，确保教学效果最大化。个性化教学指导组织还承担联络和组织校内外教师和专家的任务。这包括建立和维护与各学科教师、教学研究机构及相关领域专家的良好合作关系。通过组织定期的教学研讨会、学术讲座和专家指导活动，为教师提供专业发展和交流平台，促进个性化教学理念的深入实施和创新。个性化教学指导组织应当成立个性化教学组，根据学生的不同特点和需求，为其分配具有不同专长和能力的教师和专家进行针对性指导。这种差异化的教学指导模式能够更好地满足学生个性化学习的需求，

提高教学的针对性和有效性。

（二）建立个性化教学校内教师协作团体

建立校内教师协作团体是推动大学英语个性化教学的重要举措，它不仅能够整合校内教师的专业能力和教学资源，还能有效地促进教师之间的互动与合作，提升教学质量，满足学生个性化学习需求。校内教师协作团体在大学英语个性化教学中的角色不可替代。由于教师个人的专业背景和教学经验存在差异，组建协作团体可以通过教师之间的交流与合作，充分利用各自的优势，共同探讨和解决教学中的问题。新老教师可以相互交流经验，老师们可以及时推荐资源和新方案，新教师可以从资深教师那里获得建议并迅速提升。校内教师协作团体能够提供多角度、多层次评价和指导学生的个性化学习。通过团队内部的合作与讨论，教师们可以更全面地了解学生的学习需求和个性化学习进展，从而采取更有效的个性化教学策略。例如，一些学生可能在语言表达上有困难，而另一些则需要更多的听力和口语练习。通过团队的协作，教师们可以制定针对性更强的教学计划和评估标准，确保每个学生都能得到恰当支持和指导。个性化教学所需的学习资源也可以通过教师协作团体来共享和利用。教师们可以分享各自开发或推荐的教学材料、在线资源、案例研究等，这不仅节省了资源开发的时间和成本，也丰富了教学手段和方法，为学生提供更多样化、个性化的学习体验。教师协作团体的建立不仅有助于个性化教学的实施，也能够促进教师的专业成长和团队精神的培养。在团队中，教师们可以通过共同的教学研讨、课程设计和评估实践，不断提升自身的教学水平和教学创新能力，从而更好地满足快速变化的教育需求和学生的多样化学习需求。

（三）建立个性化教学校外教师协作团体

建立校外协作团体是为了增强学校与社会之间的联系与合作，有效利用社会中的英语教育专家和资源，为大学英语的个性化教学提供支持和服务。在当前个性化学习的背景下，校外协作团体的建立具有重要的理论意义和实际操作价值。校外协作团体能够通过学校与多个校外或兄弟院校的英语教研机构、教育专家建立联系，实现资源共享和互动。在个性化大学英语学习过程中，学生的学习活动表现出多样性和复杂性，需要指导者具备高水平的专业知识和技能。然而，校内的英语教师可能无法涵盖所有领域的深度知识和专门技能，这时就需要引入社会专门人才的力量，从而丰富和优化个性化教学的实施。

校外协作团体可以协助大学英语课程设计中的个性化教学和集体教学的有机结合。个性化教学强调根据学生的个体需求和学习风格进行量身定制的教学方案，而集体教学则注重统一教学进度和内容的传授。通过校外协作团体，可以更好地将个性化教学与集体教学有机结合起来，确保个性化教学的灵活性和有效性。例如，通过专门教研机构提供的教学资源和方法，教师可以在保证课程的整体性和一致性的同时，针对个别学生为其提供更为精细化的学习支持和指导。校外协作团体的建立可以促进教师的专业发展和学术交流。通过与外部专家和机构的合作，教师可以获取最新的教学方法、研究成果和教学资源，不断提升自己的教学能力和学术水平。这种专业发展和学术交流不仅有助于提高个性化教学的质量，还能够激发教师的创新精神和教学热情，为学生提供更丰富的学习体验和成长空间。校外协作团体的组建需要明确其职能和运作机制。例如，可以设立英语教育专家咨询小组，定期召开研讨会和工作坊，分享最佳实践和教学创新。同时，通过与外部机构的合作，建立起长期稳定的合作关系，确保教学资源和支持的持续供给。

第二节 大学英语网络教学模式构建

一、大学英语网络教学的优势

（一）促进教学资源开放性的提升

开放性教学资源的概念涵盖了可利用范围和内涵范围两个重要方面，这两个方面的扩展和拓宽是实现教育资源开放性的关键。随着技术的进步和教育观念的演变，教学资源的定义不再局限于传统的书本、教材和课件，而是包括了各种在线平台、电子书刊、虚拟图书馆及互联网上的多种信息资源，如教育网站和新闻组等。特别是对于英语学习而言，互联网上的英语资源无疑是其学习过程中不可或缺的重要组成部分。开放性教学资源的可利用范围扩展了学生获取知识的途径。在传统教学中，学生主要依赖教师提供的课堂教学和指定的教材，但随着开放性教育资源的兴起，学生可以通过互联网访问全球范围内丰富多样的学习资源。这些资源不仅包括不同类型的教学视频、在线课程和练习题，还涵盖英语学习的各个方面，如听力、阅读、写作和口语。

开放性教学资源的内涵范围拓宽了学生的学习视野和深度。通过访问教育网站和电子书刊，学生可以接触到更新更快、内容更丰富的学术研究成果和专业知识。这些资源不仅包括学术论文、期刊文章，还涵盖了最新的英语语言发展趋势、国际文化交流信息和跨文化理解的深度内容。通过这些资源的学习，学生可以拓展自己的知识边界，增强对英语语言及其文化背景的理解和应用能力。互联网上的英语资源丰富多样，为学生提供了更加灵活和个性化的学习方式。学生可以根据自己的学习节奏和需求选择合适的学习内容和学习时间，从而更有效地提升自己的英语能力。例如，他们可以通过参与在线英语社区或论坛，与全球各地的英语学习者进行交流和互动，提升自己的口语表达能力和跨文化交流能力。

（二）教学环境虚拟化

网络已经成为一个与现实世界并存的虚拟时空，它不仅仅是信息传递的载体，更是一个充满可能性的学习和交流平台。相对于传统的教育方式，网络虚拟环境提供了全新的学习体验和互动模式，使得教育过程更加开放和多样化。网络虚拟环境可以被视作一个虚拟化的空间，其中的各种物体和场景，如教室、实验室、校园、图书馆等，都可以被数字化和模拟化呈现。学生可以通过电子设备进入这些虚拟空间，参与在线课堂、实验模拟、文献检索等学习活动。这种虚拟化使得学习不再受时间和地点的限制，学生可以根据自己的时间安排和学习需求，自由选择参与学习的内容和形式。

网络虚拟环境改变了传统的师生关系，从单向性的传授与接受，演变为更加互动和平等的学习关系。在虚拟教室中，教师和学生可以更加自由地交流和互动，不受时间和空间的约束。教师可以利用多媒体技术和互动工具设计丰富的教学内容。学生则可以通过在线讨论、合作项目等方式，积极参与到学习过程中，自主探索和学习新知识。网络虚拟环境为个性化学习和定制化教育提供了可能性。通过智能化的学习系统和个性化推荐算法，系统能够根据学生的学习需求和兴趣，推荐适合的学习资源和课程内容。这种个性化学习的模式能够更好地满足不同学生的学习节奏和学习风格，提高学习效率和学习成效。网络虚拟环境还促进了全球教育资源的共享和跨文化交流。学生可以通过网络与全球范围内的师生进行交流和合作，了解不同文化背景下的教育实践和思维方式，拓宽视野和跨文化理解能力。这种跨越时空和地域限制的交流，为学生提供了更广阔的学习机会和成长空间。

（三）网络资源库的合理利用

在传统教学方式中，由于各地区在经济条件、师资力量及教育资源的分配上存在差异，导致一些地区的教学资源相对匮乏。然而，在今天网络发达的时代，学生和教师只需简单操作，即可从全球范围内获取各类教育资料和资源。这种便利性为教育平等和资源共享提供了新的可能性，但要确保网络教学资源的有效利用，需要重视其有效性和整合性。要使网络教学资源发挥最大效用，关键在于其有效性。教师和学生可以通过网络获取和利用丰富的教学资料，如在线课件、数字图书馆、教学视频等，这些资源能够极大地丰富教学内容和方法。然而，仅仅拥有资源还不足以保证有效教学。教师需要具备良好的教学设计能力和信息处理能力，将这些资源整合并结合教学实践，设计出适合学生需求的教学方案和学习活动。

为了有效整合教学资源，学校需要建设和发展校园网的教学资源库。这个资源库应该涵盖各类教育资源，从课程设计到学术研究的各个方面。通过建设统一的网络平台和数据库，学校能够更好地管理和利用这些资源，确保师生能够及时、高效地获取所需的教学资料和信息。网络媒体相对于传统教学方式的另一个显著特点是其教学方法和策略的变革。教师可以利用超链接等技术手段，将多样化的信息整合到教学过程中，为学生提供交互性强、自主学习能力培养的学习系统。这种导航式的学习系统不仅帮助学生浏览和检索相关资源，还能激发他们的学习兴趣和自主学习能力。在实施网络教学时，教师还需要提前准备一套完备的多媒体网络课件。这些课件应当设计精良、结构清晰、内容准确，以便学生能够方便地获取和使用。同时，教师还需根据学校和学生的实际情况，建立和维护适合的教学资源应用库。这样一来，可以避免资源的重复建设和浪费，提高教学效率和质量。

（四）网络资源实现共享

这种以超链接为特征的网络教学设计方式，不仅可以有效地优化学生的学习体验，还能提升他们的学习效率和自主学习能力。这种方式具有多方面的优势，特别是在引导学生进行有计划、高效学习过程中表现出色。这种教学设计方式避免了学生因为缺乏明确的学习目标而浪费时间寻找相关资料的情况。通过精心设计的超链接系统，教师可以将学习资源和信息有机地连接起来，为学生提供清晰的学习路径和方向。学生可以根据自己的学习需求和兴趣，有目的地点击链接，获取所需的知识和信息，从而避免信息搜索的盲目性和无效性，有助于形成系统化的学习过程。这种教学方式有效地防止了学生受到不良信息的侵袭。在网络上，各种信息琳琅满目，但在学术或教育上不一定都是有益的。通过教师精心挑选和整合的资源链接，可以帮助学生规避虚假信息或低质量内容，确保他们获取到的是准确、可靠的学习资料。这种过程不仅有助于保护学生的学术诚信，还有助于他们培养辨别信息质量的能力。

超链接式的教学设计能够有效促进学生保持积极主动学习态度。在网络教学中，学生可以根据自己的兴趣和需求选择学习的内容和深度，从而更加主动地参与学习。例如，在学习电影课程时，学生不仅可以了解电影的历史、类型和制作过程，还可以深入分析影片的情节、人物及其背景故事，甚至与他人进行讨论和交流。这种互动性和个性化的学习方式，不仅能够增强学生的学习兴趣，还能够激发他们的创造力和批判性思维能力。网络教学的超链接设计还能促进学生的综合能力和创新思维的发展。学生不仅学会分析和交流自己喜欢的电影，还可以将学到的知识和感悟通过多媒体展示或在社交媒体上分享出去，与他人进行互动和反馈。这种过程不仅扩展了学生的学习空间，还培养了他们在虚拟社交环境中表达自己想法和观点的能力，体现了网络在教育中的重要作用。

（五）实现学生自主学习能力的提升

多媒体网络技术的广泛应用为学生提供了一种模拟性的情境式学习方式，极大地丰富了他们的学习体验和效果。与传统教学模式相比，这种教学方式具有明显的优势，主要体现在两个方面。多媒体技术不仅融合了基本的图文功能，更重要的是引入了直观的声音和影像功能，能够全方位地调动学生的感官。通过多媒体的声音和影像呈现，学生仿佛置身于真实的语言环境中，可以听取英文歌曲、观看原版影视作品等，这种亲身体验极大地提升了学习的参与感和热情。例如，学生可以通过观看电影来学习语言，从而更加深入地理解语言的应用和文化的背景，这种学习方式比传统课堂上的抽象讲解更加生动和有效。

网络的便捷性使得学生可以随时随地获取所需的学习资料，不受时间和空间的限制。学生可以通过即时下载或在线资源获取，获取最新、最丰富的学习材料，为课堂学习注入新鲜的活力和动力。这种灵活的学习方式促使学生更为积极主动地参与学习过程，培养了他们的独立学习能力和信息获取能力，从而促进了英语综合技能的全面提升。多媒体网络技术在某种程度上也促进了学生之间合作互助学习模式的形成。语言学习不仅仅是单向的输入，更重要的是输出和交流。网络教学提供了一个实时互动的平台，与传统课堂上教师主导的教学方式形成鲜明对比。在网络教学中，教师可以组织学生进行分组讨论和互动，让学生们根据自己的理解和想法来设置问题和进行总结。这种互动性的学习环境不仅激发了学生的学习兴趣，还增强了他们的合作精神和团队意识。网络教学还鼓励教师通过组织丰富多彩的课外活动，为学生提供更多的实践机会，补充传统教学中课堂互动不足的问题。学生不仅在课堂上学到理论知识，还能够在实践中运用所学，增强语言应用能力和解决问题的能力。

（六）促进虚拟化情境模式的建立

语言的有效运用需要依赖适宜的语言环境，任何脱离实际语境的教学方法都难以培养学生的语言运用能力。建构主义理论强调学习过程的情境化，认为学习者应在社会文化背景和他人的支持下，通过协作活动来主动建构知识。在这一理论指导下，教育者需要创设适宜的情境，以促进有效协作学习。传统的课堂教学模式往往限制了学生的思维活动，使得他们难以展开联想等有助于学习的心理过程，从而影响到整体知识体系的构建。相较之下，网络教学具有显著优势，能够以更生动形象的方式呈现内容，突破书本上较为死板的教学形式。网络教学建立在互动的基础上，通过快速的语言交流传递信息，保证了语言学习的真实性和有效性。教师可以利用网络平台为学生提供与真实交流环境接近的模拟空间，激发他们的交际欲望和语言运用能力。例如，通过在线讨论、虚拟实验室或社交媒体平台，学生可以与同学和教师进行实时互动，分享想法和解决问题，这种互动不仅仅加深了学习理解，还培养了学生的团队合作能力和解决实际问题的能力。在实际的教学过程中，每个学生的学习基础和节奏各异，因此个性化的学习路径显得尤为重要。通过网络教学平台，学生可以根据自身需求和学习进度自主选择合适的学习阶段进行练习和深化。这种个性化学习的模式有助于每位学生充分发挥其潜力，从而更有效地掌握语言技能和知识。

二、大学英语网络教学存在的问题

大学英语教学涵盖广泛的内容和多样的教学要素，包括教学模式、教学手段、学习策略及跨文化交际等，这些构成了一个复杂的综合教学体系。网络教学作为一种现代化的教学模式，通过完全融合多媒体技术和教学系统，实现了对教学过程的深层优化和信息处理，为大学生的英语学习提供了新的推动力量。网络教学模式极大地丰富了教学资源和信息的获取途径。学生可以通过网络平台轻松获取丰富的学习资料、多样化的学习资源，如视频、音频、互动课件等，这不仅提高了学习的趣味性和互动性，也极大地拓展了学生的语言输入量和语言应用能力。

网络教学为学生提供了一个自主学习的平台。学生可以根据个人的学习进度和兴趣选择学习内容和学习时段，实现更加个性化的学习体验。这种自主性激发了学生的学习兴趣和动力，有助于他们更深入地探索和理解英语知识。然而，网络教学也面临一些挑战和局限性。一方面，学生在这种模式下可能缺乏足够的监督和指导，导致学习积极性和参与度的不稳定性。相比之下，传统教学模式中教师的监督和指导作用更为直接和有效，能够实时调整教学方法和策略，对学生的学习情况进行精准反馈，有助于提高学习效果和学习成绩。传统教学模式下教师精心设计的课件通常是广泛适用于大多数学生的，而网络教学则更加强调学生个性化学习的可能性。学生需要学会从海量信息中筛选、整理和应用，这需要他们具备较强的自主学习能力和信息处理能力。

三、大学英语网络教学中的问题应对策略

（一）改变教师教学方式

在网络信息时代，教师的教学角色正在经历显著的转变。传统上，教师主要扮演着知识的传授者和学习指导者的角色，强调的是教师的权威和学生的被动接受。

然而，随着技术的进步和教育理念的更新，教师在教学过程中的作用不再仅限于此，而是更多地涉及引导、启发和促进学生自主学习的过程。教师在网络信息时代需要更加注重与学生的互动和沟通。传统的单向传授知识模式已经不再适用于现代教学环境，而是需要通过多样化的互动方式来激发学生的学习兴趣和参与度。教师可以通过在线讨论、实时答疑、小组讨论等形式，与学生进行更加深入和有意义交流，从而建立起更为紧密和有效的师生关系。

教师在网络信息时代需要具备更多的技术和媒体素养。网络教学涉及多媒体技术的应用，如教学视频、在线课件、互动平台等，这些工具可以极大地丰富教学内容。因此，教师需要不断学习和掌握新的技术工具，以便更好地运用它们来支持和增强教学过程。教师在网络信息时代还应当成为学生学习路径上的导航者和引路人。由于网络上信息丰富且杂乱，学生往往需要教师提供清晰的学习指导和有效的学习策略。教师可以帮助学生分析和筛选信息，引导他们学会自主学习，提高批判性思维和问题解决能力，从而培养学生更全面的学习能力。教师在网络信息时代的角色也包括学习者的评估和反馈。通过技术工具，教师可以更准确地跟踪和评估学生的学习进度和成绩，及时给予个性化的反馈和建议。这种个性化的学习支持和指导能够有效地促进学生的学习动机和学习效果，使教学过程更加贴近学生的实际需求和成长路径。

（二）重视教师培训

在现代教育中，教师不仅是知识的传递者，更是学生成长和发展的重要引导者。特别是在网络信息时代，教师的角色越发凸显出其对学生学习的影响和引领作用。因此，重视教师培训，不断提升教师的专业素养和教育能力，显得尤为重要和必要。教师在教学过程中扮演着指导学生学习的角色。他们不仅需要传授知识，更要帮助学生建立起自主学习的能力和良好的学习策略。通过专业的培训，教师可以学习到更有效的教学方法和策略，如何引导学生掌握复杂的概念、如何激发学生的学习兴趣、如何帮助学生解决学习难题等。这些培训不仅仅是技能的提升，更是教育理念和心理学原理的深化，使得教师能够更加有针对性地辅导和指导学生，从而提升整体的教学质量。教师在学生心理和学习态度的塑造中起到了榜样的作用。教师的言行举止、对待学习的态度和方法，都会对学生产生深远的影响。通过专业培训，教师可以更好地认识到自己的教育责任和影响力，从而在教学实践中成为学生的良好榜样。这种榜样效应不仅仅是知识的传授，更是一种精神上的引领和启迪，帮助学生树立正确的学习态度和价值观念。

随着教育技术的发展和普及，教师需要具备应对多种教学工具和平台的能力。网络信息时代的教学不再局限于传统的教室教学，而是涵盖了在线课堂、教学视频、多媒体教学资源等多种形式。因此，教师的培训还包括如何有效地利用这些教育技术工具来支持和增强教学效果。掌握这些工具技能不仅可以丰富教学内容，还可以提升学生的学习参与度和效果，从而推动教育的创新和发展。教师的综合能力和专业素养是教育质量和效果的保证。通过系统的培训和持续的专业发展，教师可以不断提升自己的理论素养、学科知识和教学技能，以应对教育改革和社会发展的需求。教育培训机构和学校可以通过提供定制化的培训课程和资源支持，帮助教师不断成长和进步，从而共同促进教育质量的提升和学生发展的全面提升。

（三）加强教师的评价过程

在当前网络课程效果评价的背景下，教师的角色正在从单一的评价者转变为促进学生自主评价和成长的引导者。这种转变不仅要求教师拥有全面的评价能力，还需要建立起一套多角度、多层次的客观评价体系，以确保对学生学习情况的全面把握，并有效地促进其增强学习动力和进步。教师可以通过加强小组内外学生的评价能力来推动网络学习的有效性。这种"双赢"的评价模式不仅促进了学生间的合作与沟通，还能够帮助每个学生更好地认识自己的不足并进行改进。通过学生间的互评，学习不再仅依赖教师的指导和约束，而是培养了学生独立思考、团队协作和终身学习的能力。教师在评价过程中应始终以学习目标和要求为中心。这意味着教师需要时刻关注学生的学习进展，及时对其学习情况进行评价和反馈。评价应具有建设性，不仅指出学生的问题和不足之处，还应提供具体的改进建议和学习策略。这种方式可以帮助学生理解自己的学习状态，激励其更积极地参与学习过程，持续改进和提高自身的学习效果。

针对学生的学习风格和偏好进行评价是非常重要的。每位学生在网络学习中有着不同的学习方式和偏好，理解这些差异可以帮助教师更准确地评估学生的学习表现，并提供个性化的指导和支持。通过对学生学习风格的研究和了解，教师可以调整教学策略，使评价更加贴近学生的实际需求，避免"一刀切"的评价方式可能导致的学生失去兴趣和动力的问题。教师在评价学生时，应该尽可能使用激励性的词语和表达方式。激励性评价能够增强学生的自信心和动力，使他们对学习有持续的渴望和追求进步的动力。通过积极正向的评价反馈，教师可以有效地激发学生的学习热情，帮助他们建立起积极向上的学习态度和心理状态。

（四）网络教学与传统教学相结合

随着科学技术的不断进步，网络教学方式在大学英语教育中的应用逐渐引起广泛关注，对传统教学模式产生了深远的影响。尽管传统教学手段在课堂上的知识传授方面存在一定的局限性，但它在整体上依然对大学英语教学水平的提升起到了一定作用。因此，如何实现传统教学与网络教学的完美融合，以共同促进大学英语教育的发展，成为当前教育领域亟待解决的问题。传统教学模式通过课堂上教师的直接授课和学生的面对面互动来进行知识传递和理解。教师的语言、肢体动作及课堂氛围都能有效地支持学生的学习理解过程。然而，现代教学技术的引入提升了教学效率，改善了教学环境，使得传统教学手段得以进一步优化和扩展。多媒体教学技术，尤其是通过声音、影像等多感官传递方式，能够将抽象的文字内容转化为形象生动的视听形式，极大地激发学生的学习兴趣和理解能力。

在融合传统教学和网络教学的过程中，教师可以结合多媒体技术，不再仅依赖传统的板书和口头解释，而是将课程内容通过电子显示屏进行展示，包括文字、图片、视频等形式。这种方式不仅提升了教学的视觉效果，还通过声音效果和互动元素增强了学习的深度和广度。同时，教师仍然可以保留传统教学中的讲解方式，结合多媒体内容进行综合性的讲解，以确保学生全面理解和消化所学知识。传统教学模式中的课堂提问和小组讨论等互动形式，依然是评估学生学习效果和促进学习深入的重要手段。教师可以利用这些互动环节，实时检测学生的理解程度和学习进展，及时给予反馈和指导。这种个性化的教学方式可以弥补单一教学模式存在的不足，有效地提升教学效果。

（五）加强对学生学习策略的指导

在现代网络教学环境中，学生拥有了前所未有的自主选择学习资料的权利和能力，这种趋势正在逐渐改变传统教学模式中教师主导的知识传授方式。每个学生都是独特的个体，他们可以根据自身的学习需求和兴趣，在网络上自由选择和构建适合自己的学习资源，从而形成属于自己的"新课本"。这种自主学习的模式使得学生不再被固定的教材框架所束缚，而是能够根据个人的学习节奏和方式进行知识获取和消化，进而更有效地构建和应用所学的知识。在网络教学模式下，学生主动发现和构建知识的过程被赋予了更大的意义。与传统教学相比，网络教学提供了更为灵活和开放的学习环境，学生可以根据自己的时间安排和学习节奏进行学习，解决了传统教学中时间和空间限制带来的局限性。这种自由度不仅提升了学生的学习动机，还培养了他们自主学习和解决问题的能力，是教育进步的体现。

教师在这一变革中的角色也随之发生了显著变化。为了更好地促进学生学习成效，教师需要采取一些策略和措施。教师应实时了解学生的真实想法和对知识的实际需求。这可以通过与学生的沟通交流，包括课堂内外的问答互动和在线讨论等形式来实现。通过深入了解学生的反馈和学习需求，教师可以更有针对性地进行教学设计和知识传授，提高教学效果。教师应认识到每个学生都是独立的个体，具有不同的学习习惯、学习节奏和学习方式。因此，教师需要充分尊重个体的差异性，为学生提供个性化的学习支持和指导。这包括了解学生的学习风格和偏好，为他们提供适合的学习资源和学习策略，以最大化每个学生的学习潜力和成效。教师在网络教学中需要实时跟踪和监控学生的学习进度。通过教学管理系统和学习分析工具，教师可以随时了解每个学生的学习表现，及时发现学习中的问题和困难，并给予有效帮助和指导。这种实时反馈和个性化支持，有助于激励学生保持学习动力。

第三节 大学英语立体化教学模式构建

一、大学英语立体化教学模式的概念

立体化教学模式是一种现代化教学方法，旨在通过多维度、多层次、多样化的教学手段，全面提升学生的英语综合应用能力。这一教学模式不再局限于传统的单一课堂教学，而是融合了课堂教学、网络平台、自主学习和合作学习等多种教学资源，以创建更为丰富和多样的学习环境。立体化教学模式强调多维度的教学手段，

传统的课堂教学通常通过教师的讲授和学生的听讲来传递知识，而立体化教学模式则通过引入多种教学资源和工具，如多媒体教学、互动式教学软件等，使学生能够从视觉、听觉、触觉等多个感官通道接受和理解知识，从而更加深入和全面地掌握所学内容。立体化教学模式注重多层次的教学设计。教师在教学过程中可以根据学生的不同能力水平和学习需求设置不同层次的任务和活动，从基础知识的传授到高阶思维能力的培养，逐步提升学生的学习深度和广度。通过层层递进的教学设计，学生可以在适合自己的学习节奏下，更好地理解和运用所学的英语知识和技能。

立体化教学模式倡导多样化的学习方式。除了传统的课堂授课，学生还可以通过网络平台进行在线学习和资源获取，利用自主学习的机会深化对知识的理解。同时，合作学习也是立体化教学的重要组成部分，学生通过小组讨论、项目合作等形式，培养团队合作能力和解决问题的能力，从而在实际应用中更好地运用英语。立体化教学模式的核心在于整合各种教学资源，打破传统教学的单一模式和局限性。教师可以充分利用现代技术和教育工具，如智能手机、平板电脑、虚拟现实技术等，为学生创造更为丰富和动态的学习体验。这种整合性的教学模式不仅提高了学生的学习积极性和参与度，还能够更好地激发他们的学习兴趣和创造力。

二、大学英语立体化教学模式的构成要素

（一）课堂教学

通过教师的引导、讲授和互动，课堂教学不仅传授英语知识和技能，还促进学生的思维发展、语言运用能力和跨文化交流能力的全面提升。课堂教学通过教师的专业引导和讲授，为学生提供系统化的知识框架。在课堂上，教师可以根据教学大纲和学生的学习需求，设计并传授英语语言的基础理论知识、语法结构、词汇应用等内容。通过清晰的讲解和适时的示范，教师能够帮助学生建立起对英语语言体系的整体理解，为后续的学习和实践打下坚实的基础。

教师可以采用多种教学方法和策略，如问题解答、案例分析、角色扮演等，引导学生积极参与课堂讨论和互动。这种互动不仅使学生更加深入地理解和消化所学知识，还培养了他们批判性思维、沟通能力和团队合作精神，这些都是英语教学中不可或缺的重要素养。课堂教学为学生提供了直接面对面的学习环境和机会。在教

师的指导下，学生能够实时获取反馈和指导，及时纠正学习中的错误和误区。教师可以根据学生的学习反馈调整教学策略，个性化地辅导学生，确保每个学生都能够在学习过程中获得最大的效益和成长。课堂教学还是培养学生自主学习能力和解决问题能力的重要场所。通过课堂上的案例分析和实际操作，学生可以运用所学知识解决实际问题，从而增强他们的应用能力和创新思维。这种过程不仅有助于学生在学术上的提升，还能够培养他们面对挑战时的自信心和坚韧性。

（二）自主学习

通过鼓励学生利用图书馆、网络资源等进行自主学习，可以有效提高他们的自我管理和自学能力，进而全面促进他们的学术成长和个人发展。自主学习为学生提供了广阔的学习资源和平台。现代图书馆和互联网作为丰富的知识资源库，为学生提供了丰富的学习资料和信息来源。学生可以在海量的书籍、期刊论文、电子资源和学术数据库中自由选择，深入探索和学习感兴趣的领域。这种开放式的学习环境激发了学生的求知欲和探索精神，使他们能够更自主地掌握知识和技能。自主学习培养了学生的自我管理和学习能力。学生需要自主规划学习时间、选择学习资源、设定学习目标和制订学习策略。通过自我管理的过程，学生学会了如何高效地利用时间、组织学习任务、解决学习中遇到的问题，并在实践中逐步提升自己的学习效率。这种能力不仅在大学生活中至关重要，也为他们未来的职业发展和终身学习打下了坚实的基础。

自主学习促进了学生的批判性思维和创新能力的发展。在自主学习的过程中，学生需要分析、评估和综合各种信息，形成独立的见解和观点。通过思辨性的学习和探索，学生不断锤炼和提升自己的批判性思维能力，培养创新意识和解决问题的能力，这些能力对于他们未来面对复杂挑战和不断变化的社会环境至关重要。自主学习与立体化教学模式的结合，为学生提供了更加丰富和多样化的学习体验。教师通过引导和激励，为学生打开知识的大门；而在自主学习中，学生则有机会根据自身的学习节奏和需求深入学习，并将课堂所学知识应用到实际问题中。这种综合性的学习方式不仅增强了学生的学习动机和学术探索的意愿，也为他们的个人成长和职业发展奠定了坚实的基础。

三、大学英语立体化教学模式的优势

(一) 资源丰富

在大学英语的立体化教学模式中，资源丰富是其核心特征之一。通过整合多种教学资源，包括教材、网络课程、课外读物、影视资源等，这种教学模式打破了传统教学中的时间和空间限制，为学生提供了更为灵活和多样的学习方式和学习机会。教材作为基础教学资源，是大学英语课程的重要组成部分。传统教材往往面向广泛的学生群体，提供了系统而全面的语言知识和技能训练。然而，在立体化教学模式下，教材不再局限于纸质教科书，而是通过数字化和多媒体技术呈现，使得学生可以以更加互动和生动的方式进行学习。同时，教师可以根据实际教学需要选择和调整教材内容，以适应不同学生的学习进度和学习风格。

网络课程成为立体化教学模式中的重要组成部分。学生可以随时随地访问在线课程，进行自主学习和课后复习。网络课程的优势在于其便捷性和灵活性，学生可以根据自身的学习节奏和需求选择学习时间和地点，从而提高学习效率和学习动力。同时，网络平台还可以提供丰富的学习资源和多样化的学习活动，如在线测试、论坛讨论、虚拟实验等，为学生提供更加互动和个性化的学习体验。除了传统的教材和网络课程，课外读物和影视资源也被纳入立体化教学模式中。课外读物丰富了学生的阅读素材，拓展了他们的知识面和语言运用能力。通过阅读小说、报刊、学术论文等不同类型的文本，学生可以提升阅读理解能力和扩展词汇量。影视资源则通过视听方式展示英语语言在真实语境中的应用，帮助学生提高听力理解能力和口语表达能力，同时增强对文化背景和社会现实的理解。

(二) 学习自主

学习自主意味着学生能够在教学过程中拥有更大的自由度和控制权。学生主要依赖教师的安排和指导进行学习，而在立体化教学模式中，学生可以根据自身的学习进度和兴趣选择学习的内容和方式。例如，他们可以通过网络平台访问不同的学习资源，如在线课程、视频教学、电子书籍等，根据自己的学习节奏和需求进行学习。这种自主选择的过程不仅激发了学生的学习兴趣，还培养了他们的学习自觉性和自律能力。

学习自主促进了个性化学习的实现。每个学生的学习风格和能力水平不同，而立体化教学模式通过提供多样化的学习资源和工具，能够更好地满足学生的个性化学习需求。学生可以根据自身的学习方式和偏好选择适合自己的学习材料和学习策略，从而更高效地吸收和理解知识。例如，对于喜欢阅读的学生，可以通过课外读物和学术论文深入学习，而对于偏爱视听学习的学生，则可以通过观看英语影视资源和听力训练提升语言能力。同时，学习自主还能够培养学生的自我管理能力和问题解决能力。在立体化教学模式中，学生需要自主规划学习时间、制订学习目标，并根据学习过程中遇到的问题及时调整学习策略。这种过程不仅使学生在学术上取得进步，还有助于他们在面对复杂问题和挑战时更具决策能力和自信心。学习自主在一定程度上增强了学生的学习动机和学习成就感。通过自主选择学习内容和方式，学生更加投入学习过程中，因为他们感受到了学习的掌控和成就感。这种积极的学习体验不仅促进了学生的学术发展，还培养了他们持续学习和终身学习的意识和能力。

（三）互动性强

互动性的强化通过合作学习和网络互动，极大地促进了师生之间及学生之间的交流和互动，从而丰富了学习的体验和效果。这种互动不仅仅是知识传递的手段，更是促进学术成长和综合能力发展的重要途径。通过合作学习，学生之间的互动得到了极大增强。在传统的课堂教学中，学生往往是被动接受教师的知识传授，合作学习强调学生之间的协作与互助。例如，教师可以设计小组项目或任务，要求学生在小组内共同合作解决问题、讨论学术话题或完成学术项目。学生不仅仅是知识的接收者，还能够通过与同学的交流和合作，共同探讨和解决问题，从而提高学习效果和学习成就感。网络互动为师生之间和学生之间的交流提供了便利的平台。通过网络平台，如在线讨论论坛、社交媒体和在线课堂，学生可以随时随地与教师和同学进行互动。例如，在线讨论论坛可以促进学生在课后对学术问题进行深入讨论和思考，学生可以在此分享观点、提出问题，与他人交流看法，并得到教师及时的反馈和指导。这种互动不仅丰富了学术讨论的深度和广度，还培养了学生的批判性思维和表达能力。

互动性强化了教师与学生之间的沟通与互动。通过在线课堂、电子邮件、即时通信工具等,学生可以随时向教师提出问题、寻求帮助,教师则能够及时地进行解答和指导,促进学生的学习进步。这种及时反馈和个性化指导有效地提高了学生的学习效率和学习满意度。互动性的强化不仅仅促进了师生之间和学生之间的交流,还培养了学生的团队合作能力和社交技能。在合作学习和网络互动的过程中,学生获得了有效沟通、协作解决问题、接受不同意见和观点等能力,这些都是他们未来在职业生涯中所需的重要技能。

四、大学英语立体化教学模式的实施策略

(一)整合多种资源

整合多种资源是现代大学英语立体化教学模式中的重要策略,它通过将教材、网络课程、课外读物、影视资源等多种学习资料整合在一起,为学生提供了丰富多样的学习体验和知识来源。这种教学模式不仅能够拓宽学生的学习视野,还能够有效促进他们的综合应用能力和自主学习能力的发展。整合多种资源可以丰富教学内容和方法。传统的教材虽然是教学的基础,但其覆盖的内容和形式有限。通过整合网络课程、课外读物和影视资源等,可以为学生提供更为生动和具体的学习资料。网络课程可以提供实时更新的最新信息和深入的学术探讨,课外读物则可以根据学生兴趣和需求进行选择,影视资源则能够通过视觉和听觉方式激发学生的学习兴趣,使学习过程更加生动和有效。整合多种资源有助于增强学生的学习动机和参与度。不同学生有不同的学习偏好和学习风格,通过提供多样化的学习资料,可以更好地满足学生的个性化学习需求。例如,喜欢阅读的学生可以通过课外读物深入探讨某一专题,喜欢视觉和听觉学习的学生则可以通过影视资源来理解和运用英语知识。这种个性化的学习方式能够激发学生的学习兴趣,提高他们的学习动力和参与度。

整合多种资源能够促进学生的跨学科学习和综合应用能力。现代社会强调跨学科和综合能力的培养,而多种资源的整合正是实现这一目标的有效途径。学生不仅能够从不同角度和资源中获取知识,还能够将这些知识进行比较、分析和综合,形成更为全面和深入理解。例如,通过阅读课外文献了解历史背景,通过观看相关影

视作品理解文化差异,从而更好地掌握和运用英语知识。整合多种资源有助于培养学生的信息获取和处理能力。在信息爆炸的时代,学生需要具备快速获取、筛选和利用信息的能力。通过使用各种资源,学生不仅可以学会如何获取各类信息,还能够学会如何对信息进行评估和应用,培养出色的信息素养。这种能力不仅在学术研究中有所体现,也对学生未来的职业生涯和终身学习有着重要意义。

(二) 多样化教学方法

多样化教学方法是大学英语立体化教学模式中的重要组成部分,它通过采用任务型教学法、互动式教学法等多种教学手段,旨在激发学生的学习兴趣和主动性,从而提高他们的英语语言能力和综合应用能力。任务型教学法是一种以任务为中心的教学方法,强调学生通过实际任务的完成来学习语言。任务可以是真实生活场景中的交际任务,如组织讨论、解决问题、模拟商务会议等。通过这些任务,学生需要运用他们所学的语言知识和技能进行沟通和交流,从而提升他们的语言应用能力和解决问题的能力。任务型教学法强调学生的主动参与和实践,有助于培养学生的自主学习能力和团队合作精神,是立体化教学模式中的重要一环。

情景教学法通过模拟真实生活或专业场景来进行教学,使学生在具体情境中学习和应用语言。例如,教师可以设计情景如在旅游、商务、医疗等场景中的语言交流,让学生通过角色扮演或情景模拟来体验和运用英语。这种教学法不仅能够提高学生的语言交际能力,还能够增强他们的跨文化意识和实际操作能力,使学习变得更加生动和具有实用性。互动式教学法强调师生之间和学生之间的互动和合作。在课堂上,教师可以通过提问、讨论、小组活动等方式激发学生的思维,促进他们积极参与课堂讨论和交流。通过互动,学生不仅能够增强语言表达能力和批判性思维,还能够从他人的观点和经验中学习,扩展自己的视野。这种教学法培养了学生之间的合作精神和团队意识,有助于他们在学习中相互启发、共同进步。

第六章 多元文化背景下大学英语教学探索

第一节 多元文化背景下高校英语教学研究

一、文化的理解

"文化"这个词最初是一个农业用语,意思是"栽培"。这个词的含义发生了变化,逐渐以隐喻的方式引申为"后天栽培出来的人性"。这一引申使得文化的概念超越了农业领域,成为描述人类社会发展的一个重要术语。长期以来,人类学家对文化进行了深入的研究,并认为文化是指一个民族的生活方式,是该民族成员通过社会化过程习得的行为模式、态度及该民族所取得的物质成果。这些行为模式和态度在特定的社会环境中不断被强化和传承,形成了各民族独特的文化特征。《现代汉语词典》对文化的定义也反映了这一观点:文化是人类在社会历史发展过程中所创造的物质财富和精神财富的总和,特别是精神财富,如文学、艺术、教育、科学等。此外,文化在考古学中被用来指代同一历史时期的遗迹和遗物的综合体,而在日常用语中则指运用文字的能力及一般知识,如学习文化、文化水平等。

英国人类学的奠基人泰勒是最早界定"文化"用法的人类学家之一。他在1871年提出了文化的经典定义:"文化是人因身为社会成员所习得的复合整体,包括知识、信仰、艺术、道德、法律、风俗,以及所有性情和做法等,以及其他的能力和习惯。"泰勒的定义强调了文化的广泛性和复杂性,涵盖了社会生活的各个方面,指出文化不仅仅是个体的知识和技能,而是一个社会整体所共享的行为模式和价值体系。文化可以被视为"一个社群内的行为模式"。这意味着文化是通过社群内不断重复的活动和物质布局、社会布局所表现出来的。换句话说,文化在这个意义上是指可观察的现象领域,是通过具体的行为和物质形态表现出来的。这种视角帮助我们理解文化如何在日常生活中具体呈现，并如何通过重复和传承保持其连续性。通过这种体系，一个民族建构他们的经验和知觉，规约他们的行为，决定他们的选择。这种视角将文化视为观念的领域，强调文化作为一种内在的、抽象的知识和信仰体系，对人们的行为和决策起到指导作用。这种理解突出了文化的深层结构和内在逻辑，表明文化不仅仅是外在的行为模式和物质形态，还是内在的观念和信仰体系的体现。

二、语言与文化的关系

《普通语言学教程》中明确指出，"语言是一种表达思想的符号系统，因此它能与书写系统、聋哑人的手势语、象征性的仪式、礼貌形式、军事信号等相类比，它是最重要的符号系统。"这段话揭示了语言作为符号系统的本质，强调了语言在传达思想和信息中的核心作用。今天，我们对语言的理解进一步深化，认为语言不仅是一个符号系统，而且是一个由音位、语素、词和词组、句子和篇章等构成的层级系统。这种层级结构使得语言能够精确地表达复杂的思想和情感，成为人类交流和沟通的基本工具。

语言不仅仅是符号系统，还具有多重功能。语言是交际工具。通过语言，人们能够互相交流，传递信息和情感，建立和维护社会关系。语言是思维工具。语言不仅是表达思想的媒介，也是思维活动的载体。人们通过语言进行抽象思维和逻辑推理，从而实现对世界的认识和理解。语言是信息传递工具。语言通过各种媒介进行信息的传递和传播，推动了信息社会的发展。语言是感情表达工具。人们通过语言表达喜怒哀乐，抒发情感，建立情感联系。语言与文化关系十分密切。语言不仅是文化的重要组成部分，也是文化传承的重要载体。符号学的最终目的是探索各种指示行为所共有的特征，认识它们的内在结构和系统。符号学考察了符号在文化中的运行方式，揭示了文化作为符号系统的运作规律。理解一种文化，就意味着对它的符号系统进行探测和解释。只有当符号借助人们有意无意采用的文化惯例和规则得到破译，符号才会呈现出意义。文化中的每一个符号，无论是语言、仪式、艺术作品，还是风俗习惯，都蕴含着深刻的文化意义，反映了一个民族的历史、价值观和世界观。

关于语言与广义的文化关系，学者之间意见分歧并不大。广义的文化涵盖了社会生活的方方面面，包括物质文化、精神文化、制度文化等。语言不仅是文化的表达工具，也是文化的重要载体，通过语言文化得以传承和延续。然而，关于语言与狭义的文化关系，学者之间意见并没统一。狭义的文化通常指特定社会或群体的独特习俗、价值观和行为模式。在这一层面，语言与文化的关系更加复杂和多样。不同的学者从不同的角度出发，对语言与狭义文化关系的理解和解释也有所不同。有的学者强调语言在文化传承中的作用，认为语言是文化记忆的载体；有的学者则关注语言在文化变迁中的作用，认为语言是文化创新的工具；还有的学者研究语言在文化交流中的作用，认为语言是跨文化沟通的桥梁。

（一）语言是文化的一部分

语言作为文化的一部分，承载着丰富的文化内涵和历史积淀。Reginald认为，"任何语言都是习得的行为方式的复杂体"，这揭示了语言作为一种文化现象的重要性。语言是学习文化的重要工具。人在学习语言的过程中，不仅掌握了词汇和语法，还通过语言了解和体会到了文化的精髓。在语言的学习和应用过程中，人们领略了文化的丰富多彩，认识到了文化的独特魅力。语言中包含文化的价值观、社会规范、历史传统和思维方式。因此，人们不仅能够进行交流和沟通，更能够深入理解和体验所在文化的深层次内涵。语言与文化之间是一种交叉关系。语言系统本身是构成文化大系统的要素之一，文化大系统的其他要素都必须通过语言来传达，从而得到演变和发展。换言之，语言既是文化的组成部分，又是文化传播和演变的重要媒介。文化中的许多元素，如文学、艺术、风俗、宗教等，都依赖语言的表达和传递。没有语言，文化的传承和传播将变得异常困难。

这种双重性质确定了语言与文化的不可分割性。每一种语言都有其独特的表达方式和语法结构，这些特征反映了使用该语言的群体的文化特质和思维方式。通过研究不同语言的特点，我们可以更好地理解不同文化的独特之处。语言作为文化传播的媒介，起到了连接不同文化的重要作用。跨文化交流变得越来越频繁，而语言则是实现这种交流的桥梁。通过语言的学习和使用，人们能够更好地了解和接触到不同的文化，促进文化之间的相互理解和包容。语言与文化之间的关系还体现在文化对语言的影响上。文化对语言的影响是多方面的，体现在词汇、语法、语义等各个层面。例如，某些文化特有的概念和现象可能在其他语言中没有对应的词汇，这就反映了文化对语言的塑造和影响。同时，语言也在不断地适应和反映文化的变化和发展。随着社会的进步和变迁，语言也在不断地更新和演变，以适应新的文化需求和表达方式。

（二）语言是文化的载体

语言不仅是文化传播和传承最重要的手段，也是文化的主要表达形式和传播工具。通过语言，人类能够传递思想、情感和知识，实现跨越时间和空间的交流和沟通。语言是文化传播和传承的核心工具。每一种文化都有其独特的价值观、习俗、信仰和知识体系，而这些内容往往通过语言进行传递和保存。无论是口头传统还是书面文献，语言都是文化内容得以保存和传承的重要载体。口头传说、民间故事、文学作品和历史记载等，都是通过语言流传下来的，成为一个民族或社会的重要文化遗产。语言是文化的主要表达形式和传播工具。语言不仅能够传达信息，还能够表达复杂的思想和情感。文学、诗歌、戏剧、演讲等艺术形式都是通过语言来实现的。通过这些形式，文化得以表现和传播，丰富了人们的精神生活。同时，语言也是日常交流的基本工具，通过语言的交流，人们可以相互理解，分享彼此的经验和见解，促进社会的和谐和进步。

语言也是人类思维的工具，是人类形成思想和表达思想的工具。人类思想的形成借助语言，同时又要通过语言来表达。语言不仅是思维的外在表现形式，更是思维的内在结构。人们通过语言进行抽象思维、逻辑推理和概念化，从而对世界进行认识和理解。没有语言，复杂的思想和抽象的概念将难以形成和表达。正如语言学家 Whorf 所指出的，不同的语言结构会影响人们的思维方式和认知方式，这表明语言在思维中的重要地位。语言是一面镜子，它反映出各种社会及不同社会不同历史时期的文化特征。通过语言研究，我们可以了解一个社会的文化背景、价值观和社会结构。语言中的词汇、语法和表达方式都蕴含着丰富的文化信息。例如，一个社会的历史、科技、宗教和习俗都可以在语言中找到反映。语言中的习惯用语、成语和谚语等，往往反映了一个社会的历史经验和文化智慧。通过语言的变迁和演化，我们可以追踪一个社会的文化变迁和发展轨迹。语言在跨文化交流中起到了桥梁作用。在全球化的背景下，语言的学习和使用促进了不同文化之间的交流和理解。通过学习不同的语言，人们能够更好地理解和接触到其他文化，消除误解，增进友谊。语言学习不仅仅是掌握交流工具，更是了解和尊重不同文化的过程。跨文化交流中的语言使用，促进了文化的互相融合和借鉴，推动了全球文化的发展和进步。

（三）语言和文化相互制约、相互影响

语言和文化相互制约、相互影响，这种复杂的互动关系塑造了人类社会的方方面面。语言是人的习惯或习俗，它与其他习俗一样，是精神文化的一部分，语言的学习也就是文化的学习。每一种语言都有其独特的结构、词汇和表达方式，这些特征反映了其背后的文化背景。语言中的词汇和表达方式往往包含了一个社会的价值观、信仰和习俗。例如，某些语言中的特定词汇在其他语言中可能找不到直接对应的词，因为这些词汇反映了特定文化中的独特现象或观念。文化对语言的影响是深远且全面的。文化不仅提供了语言存在的环境，还渗透到语言的形成和发展中。文化的变化会带动语言的变化。例如，随着科技的进步和社会的发展，新的词汇和表达方式不断涌现，反映了新出现的事物和观念。同样，社会结构、宗教信仰和历史背景等文化因素也深刻影响了语言的语法结构和用法规则。另一方面，语言对文化也有反作用。语言不仅是文化的载体，还能塑造和影响文化的发展。通过语言的传播和使用，人们能够分享知识、传递思想和交流经验，从而推动文化的传播和演变。语言作为交流工具，使得文化在不同个体和群体之间得以传递和分享，促进了文化的融合和创新。

语言的学习也是文化的学习。语言学习不仅仅是掌握词汇和语法，还是了解和体验一种文化的过程。通过学习一门语言，人们能够更深入地理解该语言所承载的文化价值观、社会规范和历史背景。这种文化理解有助于增进跨文化交流和理解，促进社会的和谐与进步。语言既反映其他文化，也反映语言本身。这意味着语言不仅能够表达文化中的各种现象，还能通过自身的演变反映文化的变化。语言中的词汇更新、语法变迁和表达方式的演变，都是文化发展的缩影。例如，某些语言中对新技术、新观念的词汇引入，反映了文化对这些新事物的接受和理解。同时，语言的自我反映性也体现在文学作品、艺术创作和学术研究中，这些领域通过语言探索和表达文化的复杂性和多样性。

三、多元文化背景下高校英语教学中存在的问题

（一）教材内容文化元素体现不足

高校英语教材在强化英语教学质量方面起着至关重要的作用，同时对学生掌握文化发展和英语应用能力也具有重要影响。然而，目前我国高校英语教材在文化元素的体现方面存在不足，具体表现为重语言应用，轻文化交流，尤其是跨文化交际内容缺乏。大部分英语教材在编写时，虽然包含英语国家的相关文化内容，但这些内容主要作为单词、语法等英语基础知识的载体。编写者的主要目标是通过文化内容的展示或介绍来辅助语言学习，而不是深入挖掘和分析文化内涵。这样的设计导致教材中对文化的介绍通常停留在表面，缺乏对不同文化的对比分析。学生在学习过程中，往往只是被动地接受文化知识，而没有机会进行深层次的思考和对比分析。这种缺乏文化对比分析的教学模式，不仅难以提高学生的文化敏感度和跨文化理解力，还限制了他们批判性思维的培养。学生无法通过教材中的内容去深入理解和分析不同文化之间的异同，更无法从中提高跨文化交际的实质性能力。

部分高校教师对多元文化内容的重视程度不够，或者由于自身对文化内涵的理解不足，导致在教学过程中未能有效地将文化素养目标融入英语教学。这一问题的根源在于教师在处理教材时，往往片面注重语言应用能力的培养，忽视了文化背景和跨文化交流能力的重要性。教师在课堂上更多地关注语法、词汇等语言基础知识的传授，而对教材中涉及的文化内容缺乏深入解读和拓展。这种教学方式不仅使得学生的语言学习缺乏文化根基，还导致他们在实际应用中缺乏必要的文化背景支持，跨文化交际能力得不到有效培养。这种情况最终会对英语教学效果产生不利影响。学生在语言学习中缺乏文化背景支持，导致语言使用生硬和片面。没有文化背景的语言学习是空洞的，学生难以真正掌握语言的精髓，也无法在实际交流中灵活应用。学生的跨文化交际能力缺失，使得他们在面对不同文化背景的人时容易产生误解和冲突，无法有效地进行跨文化交流。跨文化交际能力是现代社会中非常重要的一项技能，缺乏这项能力将极大地限制学生在国际环境中的适应和发展能力。

（二）教学模式改革创新性不足

在多元文化发展的背景下，英语教学模式的多样化是高校英语课程建设的核心，也是提升教学质量的重要途径，有助于推动学生英语综合技能的培养。然而，长期以来，由于多种因素的制约，传统的英语教学模式较为单一，主要以以教师为中心的静态教学模式为主，这种模式极大限制了学生的英语学习效果，并影响了他们的学习兴趣。传统的以教师为中心的静态教学模式，虽然在知识传授方面具有一定的优势，但在培养学生的自主学习能力、创新思维和实际应用能力方面显得不足。学生在这种模式下被动接受知识，缺乏主动参与和实践的机会，这不仅限制了他们的学习效果，还使他们的学习兴趣逐渐减弱。近年来，越来越多的高校英语教师认识到这一问题，积极探索教学模式的改革和创新，提出了基于问题学习（PBL）、以成果为导向的教育（OBE）等教学法。然而，这些方法多为从其他学科借鉴过来的应用性研究，在一定程度上存在原创性不足和"水土不服"的情况。由于缺乏对英语学科特点和教学实际的深入研究，部分改革措施未能有效地融入英语教学中，导致教学效果不理想。此外，很多教学改革缺少有效的检测手段和监测效果，研究的实效性不强，常常忽略了多元文化对语言教学的作用，割裂了语言教学与文化学习的交融关系。

在教学模式的创新和改进中，大部分教师的教改项目立足于某一门课程或面向某一类型学生，忽视了大学生群体知识理解能力和接受能力的差异性。实际上，大学生群体的知识背景、学习能力和兴趣爱好存在较大的差异，单一的教学模式无法满足不同层次和学习水平的学生需求，导致整体学习效果不尽如人意。例如，高水平的学生可能觉得教学内容过于简单，而学习能力较弱的学生又可能觉得内容难以理解，从而影响了他们的学习积极性和效果。各高校的信息化建设和发展水平存在较大的差异，主要体现在渠道多、层次复杂、缺乏监管等方面。信息化英语教学资源的质量差异较大，重复率高，缺乏创新性和系统性，使得高校英语教学的信息化程度难以满足课程改革建设的探索需求。很多高校虽然投入了大量资源进行信息化建设，但由于缺乏有效的监管和指导，导致教学资源质量参差不齐，重复建设现象严重，无法形成系统、科学的教学资源体系。这不仅浪费了资源，还影响了教学改革的整体效果。

(三) 高校英语教师专业文化素养有待提升

师资力量不仅是高校英语教学的重要支柱，也是教育改革的重要推动力量。教师不仅是学生实现学习目标的引导者和支持者，也是学生在知识和意义建构过程中不可或缺的帮助者和促进者。然而，尽管我国高校英语师资力量在专业能力和教学能力方面有了显著提升，整体文化素养和教学经验的不足依然是亟待解决的问题。传统的填鸭式教学模式在很长一段时间内主导了高校英语教学。这种模式过于注重知识的传递，忽视了学生的自主学习能力和思维能力的培养。在这种教学环境中，教师自身的提升机会和内在动力不足，导致他们在文化教学水平和文化素养方面存在一定的欠缺。虽然这些教师在专业知识储备上基本能够满足教学要求，但在教学方式方法的选择和应用上仍然缺乏经验，更容易忽视多元文化时代的影响和要求。多元文化时代对大学英语教师提出了更高的要求。教师不仅要具备扎实的英语专业知识，还需要深入理解和传递多元文化的精髓。这就要求教师在教学过程中能够结合不同文化背景，通过对比分析和实际案例，使学生能够在语言学习的同时，提升文化敏感度和跨文化交际能力。然而，部分教师在这方面的意识和能力尚未充分发展，导致学生在学习过程中缺乏文化背景支持，难以在实际应用中灵活应对跨文化交流的挑战。

四、多元文化背景下优化高校英语教学的有效措施

(一) 完善和创新高校英语教材编写

编写优质的英语教材在当前多元文化背景下具有重要意义。教材不仅是学生获得系统知识、进行学习的主要依据，也直接影响教师的教学质量和效果。一个优秀的英语教材应当从多个方面进行精心设计和选择，以确保其能够有效地满足教学大纲的要求，同时具备明确的教学目标和操作性。优质的英语教材应当充分反映多元文化背景下的教学需求和学生的实际情况。这意味着教材的内容选择应广泛涵盖不同文化背景和语言使用场景，引入更具思想和文化内涵的语篇和素材，而不仅仅是传统的语法和词汇训练。学生可以在语言学习的过程中更深入地理解和体验世界各地的文化差异和共通点，培养跨文化交际能力和文化意识。

教材的编写还需根据学校和学生的实际情况进行针对性设计。这包括研究如何突出教学重点、明确培养学生能力的因素，以及合理安排主要的教学活动、课外活动和实践活动。优秀的教材应当既适应学科发展的新要求，又能够满足学生不同学习水平和兴趣爱好的需求，从而提升整体教学效果和学生的学习动机。在教材编写的过程中，编者需要站在教育创新和学科发展的前沿，不断反思和研究，以适应时代和社会的变化。这意味着教材编写者应具备跨学科的视野和跨文化的角度，深入探讨如何将多元文化元素融入英语教材中，吸收不同民族的智慧和经验，促进经济和文化的交流与交融。教材的编写必须注重教师对内容的自我意识和创造性构思。教师在教材选择和使用过程中，不仅仅是机械地传授知识，更应以教材为基础，激发学生的批判性思维和创造性思考能力。只有如此，教材才能真正发挥其在教学过程中的引导和启发作用。

（二）优化课程设置，遴选优质英语文化教学内容

在当前国家提出的"扎实推进课程思政建设，把握文科教育的价值引领性，充分体现新文科融合化时代性国际化特征"的要求下，高校英语教学面临着重要的发展机遇和挑战。为了响应这一要求，必须立足于课程思政建设，优化课程设置，进一步完善教学内容，以更好地适应多元文化的发展趋势。多元文化的发展为高校英语教学提供了良好的发展契机。不论是面向非英语专业学生的通识教育大学英语课程，还是面向英语专业学生的专业类课程，都应当在英语听、说、读、写的全过程中，积极融入文化知识的传授和文化意识的培养。这不仅有助于学生更全面地理解和运用英语，还能够增强他们的跨文化交际能力和文化自信心。各高校可以根据实际情况，设置与大学英语课程衔接的学术英语课程或者面向全体学生的英语人文素质选修课程，如英美文学赏析、中西方文化比较、跨文化交际等。通过这些课程的设置，可以更深入地培养学生的人文素养，促进他们对不同文化的理解和尊重，进而提升他们的国际视野和全球竞争力。除了传统教材，生活中还存在大量生动有趣的文化学习资源，如歌曲、影视作品、文学作品、TED演讲、名人演讲、体育比赛等。这些资源不仅可以丰富教学内容，还能够增强学生的学习兴趣和参与度。教师在教学中应当善于引导学生进行选择和鉴别，将这些资源有效地纳入文化教学，使之成为培养学生文化意识和文化能力的有效途径。教师在教学实践中需要将培养学

生的文化意识和文化能力贯穿始终，确立明确的教学目标和评价标准。通过精心设计的课程内容和教学活动，激发学生对不同文化的好奇心和探索精神，帮助他们建立起开放、包容的国际化思维方式。

语言与文化的紧密关系是教学中不可忽视的重要方面。文化的缺失会严重影响学生对语言的理解和学习效果。因此，教师在教学中应当善于挖掘课程中的文化相关内容，通过多种形式设计课堂任务，有效导入文化学习，从而提升学生的语言学习水平和文化意识。教师可以利用词汇、语法和篇章中的文化内涵来设计课堂活动。例如，通过直接讲解、情景表演、互动交流和合作探究等方式，将英美语言发展历史、文化背景等融入相关知识点的讲解中。这种方法不仅帮助学生理解语言的使用背景和语境，还能够激发他们对英美文化内涵的兴趣，从而增强他们的学习动力和深度理解能力。教师可以引导学生阅读相关的英文原著或文学作品，通过文本分析和讨论，让学生更深入地了解和体验英美文化。学生不仅能够提升语言表达能力，还能够接触和理解不同文化的观念和价值体系，从而培养跨文化交际的能力和文化自信心。在多元文化融入课程的过程中，教师还应当将思政教育贯穿课程体系的各个环节。通过选择适当的文本材料和教学内容，激发学生的思想深度和道德观念，引导他们在语言学习的过程中树立正确的文化认知和价值取向。例如，通过讨论英美文化中的社会道德、历史传承等议题，引导学生思考和分析，使他们在学术知识的积累中更好地理解和尊重不同文化背景下的多样性。教师的教学方法应当注重在润物细无声中立德树人。通过细致入微的教学设计和个性化的学习指导，帮助学生在多元语言文化的碰撞中坚守中国文化的立场，同时能够开放包容、广纳博采，增强学生的国际视野和全球竞争力。

（三）充分利用现代技术手段有效促进英语教学

当今飞速发展的信息技术为高校英语教学带来了前所未有的发展空间，也为教学改革提供了强有力的支持和保障。随着校园网络化的普及，各种先进设备如一体机、智慧教室、智能语音室应运而生，同时涌现出大量自主学习平台、学习软件和网站，为高校英语课堂的硬件和软件设施提供了极大的改善和提升。信息化技术给教育领域带来了根本性的变革，不仅丰富了教学手段和方式，也深刻影响了教与学的互动模式。对于高校英语教师而言，信息化技术的应用使得线下学习可以以更灵活、更丰富的方式进行。例如，在文化知识导入时，教师常常采用任务型教学法、讨论教学法和PBL教学法，通过网络学习平台发布课前资料和任务，引导学生在课堂上更深入地探讨和应用知识。这种方法不仅活跃了英语课堂的氛围，还激发了学生的学习兴趣和参与度，为他们创造了良好的学习环境。

信息技术的另一个显著优势是将线下课堂延伸至线上学习平台，使得教师与学生的互动不再受时空限制。教师可以利用学习通、蓝墨云班课、批改网等网络学习平台，发布课程资料、作业要求和学习任务，学生可以提前预习和准备，课堂时间则更多用于深入讨论和实践活动。这种教学模式既提高了教学效率，又增强了学生的自主学习能力和团队合作精神。近年来，许多英语教师开始充分利用网络学习平台，探索翻转课堂、混合式教学等新的教学方法。这些方法不仅使教学更加生动和互动，还能够更好地满足学生个性化学习的需求，提升学习效果和学习体验。对于当代高校大学生而言，手机和网络已成为主要的知识获取和信息交流渠道。他们通过信息化平台获取海量的学习资源，进行个性化学习和自主探索，同时能够与同伴分享知识和学习经验。这种互动和即时交流不仅促进了学生的学术成长，还培养了他们的合作精神和创新能力，使他们成为学习过程中的主动参与者和引领者。

（四）开展形式多样的文化主题第二课堂实践活动

提升高校英语教学质量是一个多方面、全方位的任务，需要在高效的第一课堂教学基础上，通过强化第二课堂的文化实践教学，全面培养学生在多元文化环境中的交流和沟通能力。为此，我们应当积极引导学生转变学习方式，鼓励他们进行探究式学习，深入了解和掌握不同文化的内涵，从而提高他们的文化鉴赏能力和英语应用能力，实现语言与文化科学知识的有机结合。

在第二课堂的文化实践教学中，组织定期或不定期的主题文化活动是一种有效的方式。例如，中西方文化知识竞赛、文化习俗知识竞赛、跨文化交际征文比赛、英语演讲比赛及阅读分享沙龙等活动，都能够激发学生的学习兴趣和参与度。这些活动不仅涵盖了文化的多个方面，如服饰、饮食、建筑、宗教、节日等，还能够引导学生进行中西方文化的对比分析，探讨文化的传播和融合现象。为了有效推动这些文化实践活动，各高校可以设置一定的激励机制，以吸引不同专业的学生参与其中。通过奖励优秀作品或者优秀参与者，可以增强学生参与活动的积极性和动力，促进跨学科的交流与合作，进而推动多元文化背景下的语言和文化跨界交融。在教师的引导下，这些文化实践活动不仅丰富了学生的课外生活和学习体验，更重要的是培养了他们在跨文化交流中的理解能力和应对能力。学生们通过参与这些活动，不仅学到了理论知识，还增强了实际操作的能力和应用技能，为将来的跨文化工作和交往打下坚实的基础。

学生加强对多元文化的认知与理解，培养国际视野和跨文化意识，坚定文化自信，实现文化自强，成为新时代高校英语教学的基本目标。高校英语教师扮演着至关重要的角色，他们需要积极探索适应多元文化背景的英语教学改革形式，努力将思想政治教育的精髓融入课程之中，以文化为桥梁，引领人才的成长道路。多元文化教学的重要性在于帮助学生树立对多样性的尊重和理解。通过英语教学，学生不仅学习语言技能，还应该了解和尊重不同文化的背景、传统和价值观。这不仅有助于他们在国际舞台上更好地交流和合作，还能够增强他们的全球视野，培养跨文化沟通能力。

多元文化背景下的英语教学应当注重培养学生的国际视野和跨文化意识。教师可以通过教学内容的选择和设计，引导学生深入探讨不同文化之间的联系和差异，通过文学作品、影视作品、历史事件等多种载体，帮助学生深入了解和体验不同文化的内涵和特点。高校英语教师还应在教学实践中注重学生的文化自信心的培养。他们可以通过激发学生对本国文化的兴趣和理解，引导他们在跨文化交流中保持自信、自主和开放的姿态。这种文化自信心不仅是个人成长的重要组成部分，也是国家软实力的重要体现。面对全球化和信息化的时代潮流，高校英语教育必须与时俱进，通过创新和改革，使教育内容更贴近时代需求和学生实际，才能更好地培养具有国际竞争力的人才。教师在教学实践中要善于运用现代技术手段，如网络平台、智能设备等，为学生提供更广阔的学习空间和更丰富的学习资源，以促进他们的跨文化交流和国际合作能力的提升。

第二节 大学英语教学中跨文化教育的内容

一、英语词汇中的跨文化教育

（一）指示意义相同的词汇在不同文化中所产生的联想不一样或者截然相反

在不同文化背景下，即使是相同的词汇，其所产生的联想和内涵可能完全不同，甚至截然相反。这种文化差异不仅仅反映了语言的多样性，更深层次地展示了人类在不同历史、地域和社会背景下对色彩、符号和象征的不同理解和应用。一个典型的例子是颜色词汇在不同文化中的含义变化。在西方文化中，蓝色通常被联想为冷静、冷淡，有时甚至与忧郁、抑郁等负面情绪联系在一起。比如，"feeling blue"就是用来形容情绪低落的说法。此外，在某些上下文中，蓝色还可能暗示色情或者不端的意涵，如"blue movies"用来指代色情电影。然而，在中国文化中，蓝色却被赋予了截然不同的象征意义。蓝色通常被视为宁静、祥和、沉着的象征，经常与天空、大海及宗教仪式联系在一起，体现出一种肃穆和安宁的意象。在西方文化中，绿色可能会被视为幼稚、缺乏经验或者表示不成熟。这种联想可能源于绿色在自然界中代表生长的状态，与成熟和经验有所对立。然而，在中国文化中，绿色却象征着生命、春天和新生，被视为象征希望和生机的颜色。因此，春天的绿色草木生长，常被人们视为新的一年的生机勃勃和繁荣昌盛的象征。红色则是一个更为显著的例子，展示了不同文化对同一颜色的截然不同的理解和应用。在中国文化中，红色是吉祥、喜庆和祝贺的象征，常用于新年、婚礼和其他重要庆典。红色被视为充满活力和热情的颜色，代表着兴旺和繁荣。与之相反，在西方文化中，红色可能与愤怒、暴力甚至危险联系在一起。例如，"seeing red"用来表示愤怒或暴怒的状态，而"red-light district"则指的是妓女聚集的地区，带有负面的社会和道德内涵。这些例子表明，即使是相同的颜色词汇，在不同的文化语境中，其背后所承载的符号和象征可能有着截然不同的内涵和联想。这种文化差异不仅丰富了语言的表达方式，也提醒我们在跨文化交流和理解中需要更多的敏感性和包容性，以避免误解和文化冲突的发生。因此，对于语言学习者和跨文化交流者来说，理解和尊重不同文化对色彩和符号的理解方式是非常重要的,这有助于增强全球化时代的互信和合作能力。

在中西文化中,月亮的象征含义展现了深刻的文化差异,不同的文化对月亮的理解与应用反映出其独特的历史、宗教、传统和哲学观念。在中国文化中,月亮被赋予极其丰富和深远的象征意义。月亮象征着美丽与宁静。月圆时,它不仅是一种自然的美学体验,更是团圆与祥和的象征。月亮也象征着中国文化中的团聚和渴望,特别是在传统节日如中秋节,人们赏月、吃月饼,表达对家人团圆的思念和祝福。同时,月亮还与许多神话传说紧密相连,如嫦娥奔月、吴刚伐木、玉兔捣药等,这些故事不仅丰富了月亮的象征意义,也传承了深厚的文化认同和情感寄托。在情感层面,月亮还成为中国诗词歌赋中常被赞美和抒情的对象。月亮作为恋人相思的象征,在诗词中常被用来表达对远方亲人的思念和对爱情的美好向往。因此,月亮在中国文化中不仅是自然界的一部分,更是文化和情感的重要载体。相比之下,在英美文化中,月亮的象征意义则完全不同。在西方文化中,月亮的形象更多地与不确定性、变化和情绪波动联系在一起。月亮的圆缺状态被赋予了截然不同的象征意义:月圆时象征着富饶和庆祝,而月缺时却被视为不吉利的预兆,可能预示着死亡、毁灭或灾难的到来。古罗马文化中的"lunacy"(疯狂)一词和"lunatic"(疯子)的词源来自拉丁语中的"luna"(月亮),认为精神状态的不稳定和病态与月相有关。这种观念在西方文化中长期存在,并深刻影响了对月亮的象征理解,使得月亮不仅仅是自然界的一部分,还被赋予了心理和精神层面的意涵。

(二)指示意义相同,在一种语言中有丰富的联想意义,在另一种语言中却没有联想意义或其他内涵

在语言和文化的交汇中,有些词汇在一个语言中可能具有丰富的联想意义和文化内涵,而在另一种语言中则可能只是简单的名称,缺乏深刻的象征或联想。这种现象反映了不同文化对于事物、符号和概念理解的差异,同时也展示了语言背后文化价值观和历史传承的独特性。在中国文化中,竹子不仅仅是一种植物,更是一种具有深厚文化意义的象征物。竹子以其品质坚韧、节节高升的生长方式,被赋予了高洁、刚直、不屈不挠的品格象征。在中国文学和艺术中,竹子常被用来喻人,表达人们对自己或他人坚强、清廉的评价和期望。竹子也象征着谦逊和善良,其静雅

的姿态和节制的生长方式，常被视为高尚品德的化身。相比之下，在英语中，"bamboo"这个词汇虽然表示同一种植物，但并没有类似的文化内涵和象征意义。在英语语境中，bamboo仅仅是一种被分类和命名的植物名称，缺乏深刻的文化或象征性联想。这反映了语言在不同文化中的使用方式和文化价值观的不同，以及文化背景在语言表达中的重要性。另一个例子是数字"9"。在中国文化中，"9"被视为最高、最多的数字，具有吉祥和长久的寓意。历代帝王都以"9"为喜爱之数，希望国家长治久安，繁荣昌盛。因此，"9"在中国文化中不仅仅是一个数字，更是一种文化符号和象征。而在英语中，"nine"只是表示数值的词汇，没有额外的象征或文化内涵，仅仅是数字序列中的一部分。

（三）各自文化中特有的词汇，即文化中的词汇缺项

在不同文化中，特定的词汇往往反映了该文化的独特价值观、历史传统和社会习俗，这些词汇在其他文化中可能缺乏直接对应的词汇或者无法准确理解。这种现象被称为文化中的词汇缺项，即某个文化中特有的词汇在另一个文化中无法找到相应的对等词汇，导致了文化之间的"零对应性"。举例来说，汉英文化中存在着如"炕"和"阴阳"的词汇。在中国的传统文化中，"炕"指的是一种可以加热的砖炉床，通常用于寒冷地区的居住环境，具有温暖、舒适的特性。然而，在英语文化中，除非进行详细的解释，否则很难直接理解"炕"的概念。类似地，"阴阳"在中国哲学中具有极其丰富的含义，涉及天地间的阴阳对立、生命的动态平衡等。然而，在英文中并没有一个单一的词汇可以精确地表达"阴阳"的所有含义，这反映了中西方文化和哲学思想的差异。在英语中存在着如"motel"（汽车旅馆）、"hot dog"（热狗）、"time clock"（打卡机）等词汇，在汉语中并没有完全对应的词汇或近义词。这些词汇反映了西方社会的生活方式、消费习惯和工作制度，而在汉语中可能需要通过音译、直译或者解释来传达其具体含义。在跨文化交际和教学中，理解和处理文化中的词汇缺项是至关重要的。教学者需要帮助学生深入理解这些词汇背后的文化内涵和特殊意义，以便有效地进行语言表达和沟通。可以通过提供详细的文化背景解释、使用适当的翻译策略（如音译、直译或意译），以及在交流中加入必要的解释说明，来克服由词汇缺项造成的交际障碍。这样一来，语言学习者不仅可以增进对其他文化的理解和尊重，还能促进跨文化交流的顺利进行，从而构建

更加和谐的交往关系。

二、英语语法和篇章教学中的跨文化教育

（一）英语语法教学中的跨文化教育

语法作为语言表达方式的总结，揭示了语言组织和沟通的基本规律。不同语言拥有独特的语法体系，这些系统和规则指导着语言群体如何有效地使用和理解语言。英语作为一种形态语言，其语法结构主要依赖词形的变化和虚词的运用来表达语法关系。相比之下，汉语更加重视语义，较少依赖形式。理解汉语句子通常需要考虑整体语境和文化背景等因素。例如，毛主席的名言"打得赢就打，打不赢就走"虽然看似是动词的简单堆砌，但其语义和上下文的融合使其成为一体。在语法学习中，比较中西文化差异不仅能帮助学生掌握目标语言的文化知识，还能使学习过程更加生动有趣。英语注重形式的准确性和逻辑推理，如表达"他是我的一个朋友"，不能简单地说"He's my a friend"，而应该用"He's a friend of mine"，这种双重所有格结构准确地反映了"他"和"我的朋友们"之间的关系。这种语法结构在英语中是常见的，但在汉语中则需要通过不同的表达方式来传达同样的意思。相比之下，汉语更注重语义的表达，强调整体意义和语境的综合理解。例如，汉语中的成语和俗语往往通过上下文和文化背景来解释其意义，如"一见钟情""百闻不如一见"等，这些表达方式强调了语言的富于意象和象征性。汉语的语法体系更注重语义的传达和情感的表达，反映了汉民族悟性和辩证思维的特点。通过对比中西文化差异，学生不仅能够更好地理解目标语言的语法规则和用法，还能深入了解语言背后的文化内涵和价值观。这种跨文化比较不仅帮助学生提高语言学习的兴趣，还有助于他们在语言交流中更加敏感和适应不同文化背景下的沟通需求。因此，将语法学习与文化比较相结合，可以有效提升学生的跨文化意识和语言表达能力。

（二）英语篇章教学中的跨文化教育

在篇章教学过程中，教师的角色不仅是传授语言知识，还引导学生理解和感受文化差异，拓宽他们的文化视野，消除阅读障碍。为了达到这些目标，教师需要采取一系列有效的教学策略和方法。教师应当坚持在教学过程中介绍文章作者的生平

背景、事件或故事的文化历史背景及其他相关的文化科学知识。这些背景信息不仅帮助学生更好地理解文章内容，还能让他们深入了解作者的思想和作品背后的文化根源。例如，通过介绍作者生活的时代背景、所处的社会环境，学生可以更深刻地理解作品中的隐含意义和象征。同时，解释因文化差异而产生理解困难的句子或表达，帮助学生跨越语言和文化的障碍，更准确地把握文章的意图和情感。教师可以充分利用高等教育相关的教材，如《实用英语》，这些教材提供了丰富多样的文章体裁和题材，同时融入了大量的文化信息。教师应当善于从这些教材中提取出相关的文化内容，不仅让学生学习语言，还让他们了解和体验不同文化的魅力。通过这种安排，课堂不仅仅是语言学习的场所，还是文化交流和认知的平台，形成浓厚的语言和文化氛围，使学生在学习语言的同时，也能感受到文化的双重熏陶。

教师还可以通过补充和联系与课文相关的知识来丰富教学内容。例如，如果课文讨论食品与健康，教师可以引导学生思考外国快餐文化如何进入中国市场，以及对中西餐桌礼仪和文化背景进行比较。这种比较和联系能够帮助学生建立起对同一主题的全面和系统认识，不仅加深了对外语学习的理解，也拓展对多元文化的理解和包容。教师在选择课外补充材料时，应特别注重体现中西文化共性和差异的英文文章。这些文章可以帮助学生更加深入地了解西方国家的风土人情、价值观念和社会习俗。通过阅读这些材料，学生不仅扩展了词汇和语法的应用能力，还能增进对西方文化的感知和理解，为他们的跨文化交际能力打下坚实的基础。

三、英语翻译和写作教学中的跨文化教育

（一）英语翻译教学中的跨文化教育

1. 地域和历史方面的文化差异对翻译的影响

地域文化指的是由特定的地理环境、自然条件和地域特点所形成的文化现象，其表现形式通常体现为不同民族或地区对同一事物或现象的表达方式和文化习惯的差异。这种文化差异不仅仅体现在语言表达上，还深深植根于人们的生活方式、价值观念及文化传承中。例如，汉语和英语在描述新事物迅速涌现的习语中就展现了明显的文化差异。汉语中常用"雨后春笋"来形容新事物的快速发展，而英语

则使用"spring up like mushrooms"。这两种表达方式反映了中西文化对于自然生长和季节变化的不同感知和表达方式。汉语中许多习语和词汇与土地密切相关，如"土生土长、土洋并举、土特产"等。这些表达与中国自古以来人们依附土地生活和生产活动的历史背景密切相关。然而，在英语翻译中，这些词汇通常会失去土地的字面意义，因为在西方文化中，土地可能没有同样深厚的象征意义和文化积淀。

中国特有的历史典故和文化象征在翻译时也面临挑战。例如，"三个臭皮匠，顶个诸葛亮"这句话在中国文化中是人们常用的谚语，表达出普通人也可能产生出色的成就，而诸葛亮则是智慧和才能的象征。然而，若直译成英文，则能会失去其深层文化内涵，因为西方读者未必了解诸葛亮的历史背景和智慧象征。因此，翻译人员常常需要结合直译和增译的方法，以便更准确地传达原文的文化意蕴和情感色彩。在教育和跨文化交流中，理解和尊重地域文化的差异至关重要。教师在教学中应引导学生深入理解和体验不同地域文化的独特魅力，帮助他们跨越语言和文化的障碍，提升他们的跨文化沟通能力和文化适应能力。通过多角度、多层次地探讨地域文化差异，可以使学生更加全面地理解和尊重多元文化，为他们的国际视野和全球化素养的培养提供有力支持。

2. 宗教信仰的差异对翻译的影响

宗教文化作为人类文化的重要组成部分，深刻影响着不同民族和地区的价值观、行为规范及日常生活中的种种习惯。中西方在宗教文化方面的差异，不仅体现宗教信仰本身的不同，还反映了语言表达和文化习惯中的多样性，这在翻译过程中尤为显著，需要特别注意和理解。中国的传统文化源远流长，宗教文化在其中占据重要地位。例如，佛教在中国的影响深远，许多成语和典故都与佛教教义和修行有关，如"苦中作乐""五体投地""现身说法"等。这些表达方式既承载了深厚的宗教文化内涵，又通过日常语言使用广泛传播，成为中国语境中不可或缺的文化标志。

然而，当这些具有宗教背景的表达需要翻译为英语等西方语言时，常常会遇到理解和传达的困难。例如，"和尚"在中国文化中是指佛教徒修行者，但在以信仰基督教为主的英语国家，这一概念可能比较陌生。因此，译者必须通过合适的方式解释"和尚"的身份和角色，以便读者能够理解其文化背景和含义。另一个例子是英语中的短语"to eat no fish"，其背后有深刻的宗教典故。这一短语起源于英国历史上的宗教冲突时期，当时耶稣教徒为了表示对国王和政府的忠诚，拒绝遵守天主教徒在星期五只吃鱼的教规。因此，"to eat no fish"成为表示"忠诚"的象征性表达。这种语言现象体现了宗教文化对于语言习惯和社会行为的深刻影响，也反映了宗教信仰如何在不同文化中塑造和定义人们的价值观和行为规范。教师和翻译人员应当注重宗教文化背景的介绍和解释，帮助学生和读者理解和接受不同文化背景下的语言和表达方式。通过深入探讨和比较中西方的宗教文化，可以促进跨文化交流的顺利进行，增进人们对全球多样性的尊重和理解，从而推动世界各地文化之间的和谐与共融。

3. 思维方式和价值观的差异对翻译的影响

思维方式的差异源于长期生活在不同地域和文化背景中的人们所形成的不同文化特征。这些文化特征不仅体现在人们的行为习惯和社会结构上，还深入到他们的语言表达和思维方式中。在比较中西方文化的思维方式时，可以发现一些显著的差异，这些差异反映了两种文化对世界的不同理解和评价方式。英语民族的思维方式被认为是个体化和独特化的，注重个人的独立性和个性表达。这一特征不仅体现在他们的语言结构和表达方式上，也深刻影响了他们的社会生活和价值观。在英语语言中，"说"这一简单动词可以通过多种词汇，如"say""speak""tell"等来表达不同的语境和意义，从而使语言更加丰富和生动。相比之下，汉语则更倾向于泛指和概括，常通过加副词或修饰语来表达更为具体和细致的含义，如"语无伦次地说""低声地说""嘟嘟囔囔地说"。

这种语言差异反映了文化中的思维模式差异。中国文化强调整体性、综合性和概括性思维，注重人际关系和社会群体的统一性与认同。这种思维方式源于中国传统文化中的儒家和道家思想，强调个人的行为和利益应当服从于整体社会的利益和道德规范。例如，中国人常说"四海之内皆兄弟"，强调在家靠父母、出门靠朋友，体现了他们对于社会关系和人际网络的重视和依赖。西方文化则更加注重个人主义和自我实现。在西方社会，个人的独立性和自主性被视为重要的生活和价值追求。这种思维方式反映在他们的语言表达中，如英语中的谚语和俗语强调个人的奋斗和自立自强，如"天道酬勤""自立自强"。西方文化强调个体的权利和平等，提倡个人的竞争和创新精神。这些文化差异在语言理解和翻译过程中可能会造成一定的障碍，尤其是在传达价值观和文化背景时。译者和跨文化交流的参与者需要对这些差异有深刻理解和敏感性，以便有效地传达语言和文化的真实含义。通过教育和学习，人们可以更好地理解和尊重不同文化间的思维方式和价值观，从而达到文化交融与共存的目标。

（二）英语写作教学中的跨文化教育

英汉两种语言的篇章结构与其思维模式密切相关，反映了两种文化背景下的不同思维方式。西方文化倾向于线性的因果关系思维，强调逻辑严谨和直接表达，这种特点直接影响了英语的语篇组织结构。相比之下，中国文化则偏重整体性和综合性思维，注重间接表达和含蓄表达，这在汉语的语篇结构中表现得尤为明显。英语的语篇结构通常呈现出严谨的逻辑和清晰的层次。英语句子组织严密，层次井然有序，常使用连接词和连接副词来明确句子之间的逻辑关系。例如，英语中的连词如 if、because、therefore 等，直接揭示出句子之间的因果关系或逻辑顺序。这种直接和明确的表达方式反映了西方文化注重逻辑推理和直接沟通的特点。例如，"If winter comes, can spring be far behind?" 这样的句子，通过 if 这个连词，清晰地表达了因果关系，引导读者理解作者的意图。

相对而言，汉语的语篇结构则更倾向于螺旋形和迂回曲折。汉语句子的成分之间较少使用连接词和连接手段，看似显得松散，但实际上通过上下文和语境来构建逻辑关系。汉语写作常常通过兜圈子或旁敲侧击的方式来引出主题，逐步展开论述，最终实现主题的表达。这种间接和含蓄的表达方式反映了中国文化中重视整体性、综合性和微妙变化的特点。在英语中，篇章的发展通常是直线式的，从开门见山的主题句开始，逐步展开事实和论据，以支持和论证主题的观点。这种结构体现了西方文化中直接和逻辑性的思维方式，强调清晰和直接表达。相反，在汉语中，篇章的组织更多地展现出圆融和渐进的特点，通过反复推敲和逐步深入的方式来呈现主题，以达到更加丰富和深刻的表达效果。

第三节　跨文化交际背景下的大学英语教学研究

一、文化因素在语言教学中的重要性认识

外语教学不仅是关于语法和词汇的学习，还包括对学习者语言能力、社会文化能力和跨文化交际能力的全方位培养。特别是在今天全球化交流日益频繁的背景下，文化能力已成为外语学习中不可或缺的一部分。文化能力在外语学习中扮演着重要角色。学习一门外语不仅要学习其语法结构和词汇，还要理解其背后的文化内涵和表达方式。每种语言都深深扎根于其所属的文化背景中，反映出该文化的价值观、信仰体系、历史积淀及社会习俗。因此，要真正掌握一门外语，学习者必须了解并尊重其所属文化的差异性和独特性。

文化能力有助于培养学习者的社会文化适应能力。通过了解目标语言国家或地区的文化背景，学习者可以更好地适应和理解当地人的行为习惯、沟通方式及社会规范。这种社会文化能力不仅能够增强学习者在跨文化交流中的自信心，还能帮助他们避免因文化误解而引发的不必要的交流问题。文化能力与跨文化交际能力密切相关。在跨文化交际中，理解对方文化的背景和价值观是非常关键的。只有当学习者具备了深刻的文化了解，才能够更加准确地解读和理解目标语言中的语言和行为，从而更有效地进行跨文化交流。然而，尽管文化在外语学习中的重要性日益被重视，仍然存在一些教学实践偏重语法和词汇、忽视文化因素的现象。这种做法不仅无助于学习者真正掌握目标语言，还可能导致语用失误和交际障碍。因此，综合语言教学应该包括对文化的系统性介绍和深入探讨，通过语言的背景知识和文化背景的交融，帮助学习者更全面地理解和运用目标语言。

二、文化教学与文化培训概念的理解

（一）文化教学

文化教学在外语教学中具有多种形式和重要意义。它涵盖了教学课程中提供的

文化内容。在学习外语的过程中，了解目标语言国家或地区的文化背景、价值观念、习俗和传统是至关重要的。这种文化背景不仅帮助学习者更好地理解语言的使用方式和语境，还能够增进他们对目标文化的尊重和理解，提升跨文化交际的能力。文化教学应融入交流方式课程中。课外文化体验或实际活动也是文化教学的重要组成部分。通过参观展览、观看电影、参与文化节庆或社区活动等方式，学习者可以直接接触和体验到目标文化的生活方式和价值观。这种亲身经历不仅激发了学习者对文化的兴趣，还帮助他们从多维度理解和感知文化的复杂性和多样性。教师们越来越意识到文化教学的重要性。教师不仅要传授语言表达的技能，还要培养学生对文化背景的敏感性和理解力。因此，有效的文化教学模式应该是将文化与语言教学有机结合，不仅仅停留在传授一些文化事实的层面，还要引导学生通过交流原则和情景理解，掌握文化的关键要素。教师在教学过程中扮演着至关重要的角色。他们需要精心设计课程，选择适合的文化内容，并采用多样化的教学方法和活动，以激发学生的学习兴趣和参与度。同时，教师还需根据学生的语言水平和文化背景的不同，灵活调整教学策略，确保文化教学既深入浅出，又富有启发性和实践性。

（二）文化培训

文化培训作为一种高度专业化的教学形式，旨在帮助个人有效地适应和融入异国文化，从而在工作和生活中更加顺利和愉快。参与文化培训的人们通常有两种主要动机和目标，这些动机决定了他们接受培训的方式和深度。一些个体参与文化培训是出于彻底抛弃本族文化、完全融入并认同移入文化的动机。这种动机通常涉及个体对新文化的深入探索和接纳，他们可能鉴于工作、学习或家庭原因需要长期居住在异国他乡。文化培训不仅仅是语言技能的学习，更是对目标文化价值观、社会习俗、沟通方式等方面的全面了解和接受。这些个体可能会通过学习语言、参与当地社区活动及深入了解历史背景来实现对新文化的全面融入。

还有一些人是希望在保持本族文化的基础上，同时接受和理解异国文化，从而获得跨文化交际能力，形成双重文化身份。这类个体通常更倾向于保持自己的文化认同和价值观，但也意识到在跨国交往和全球化环境中跨文化交际能力的重要性。因此，他们通过文化培训来学习如何在不同文化背景下进行有效沟通和协作，以促进个人职业发展和人际关系的良好互动。这种动机下的文化培训强调的是文化的互相理解和尊重，使个体能够灵活应对不同文化间的交流挑战，同时保持自身文化的独特性和魅力。文化培训的实施方式多种多样，通常包括语言课程、文化讲座、实地考察、社交礼仪和文化沟通技巧等内容。教学者会根据学员的个人动机和学习需求制订个性化的培训计划，以确保其在异国文化中能够自如地运用语言和行为准则，同时培养其跨文化适应能力和社交技巧。

三、跨文化交际背景下大学英语教学模式构建

根据教育部办公厅关于《大学英语课程教学要求》的通知，大学英语教学体系需要结合多种教学模式和教学手段，以满足学生听说能力的提升和自主学习能力的培养，以适应中国社会发展和国际交流的需求。构建基于多元文化交际的大学英语教学模式需要重视语言的功能性和实用性。除了传授语法、词汇和语言技能，教学还应该注重学生在不同语境中的语言运用能力。这意味着教学内容应涵盖不同文化背景下的交际策略和文化差异的理解，使学生能够在跨文化交流中自如地表达和交流。多元文化交际的教学模式要求教师和学生积极探索和理解不同文化间的共性和差异。通过引入和讨论各种语言和文化的实际案例，学生可以更深入地理解语言背后的文化内涵，从而更有效地应对跨文化沟通中的挑战和机遇。

大学英语教学模式的构建需要整合现代技术和教学资源。通过利用互联网和多媒体技术，教师可以为学生提供丰富的语言学习资源和实时的跨文化交际平台。例如，通过在线讨论、虚拟文化体验和远程合作项目，学生可以与全球范围内的同龄人进行实时交流，增强其国际视野和语言应用能力。教学模式的创新还需关注学生的个性化学习需求和自主学习能力的培养。通过设立个性化学习路径和任务驱动的教学活动，学生能够更有动力地参与到语言学习和跨文化交际的过程中，从而提升其语言能力和全球竞争力。基于多元文化交际的大学英语教学模式还需与国际化教育理念和实践相结合。学校可以通过建立国际交流项目、提供海外实习机会和开设双语课程等方式，为学生创造更多接触和理解不同文化的机会，促进其全球视野和全面发展。

（一）制订教学目标所遵循的原则

在制订大学英语教学目标时，有几项基本原则是不可或缺的，这些原则确保教

学目标既能够全面覆盖学生的需求，又能够与时代发展保持一致。教学目标应该包括总体目标和个性化目标，这是为了确保每位学生在学习过程中都能得到个性化关注和发展。总体目标涵盖了学生需要掌握的基本语言知识和交际技能，如听、说、读、写能力的提升及跨文化交际能力的培养。个性化目标则针对不同学生的学习速度、学习风格和个人兴趣，确保每位学生都能够在学习中找到适合自己的发展方向和节奏。

教学目标必须符合时代特点，这意味着教学内容和目标设置要与当今社会和全球化背景相适应。特别是在构建基于多元文化交际的大学英语教学模式中，教学目标应当强调学生跨文化沟通能力的培养和全球视野的拓展。学生需要具备更强的跨文化理解能力和交流技巧，能够在不同文化环境中有效地交流和合作。因此，教学目标要求学生不仅能够掌握英语语言的基本技能，还要能够理解和尊重不同文化的差异，以促进全球化时代的文化交流与合作。在实际教学中，教师应当根据学生的学习特点和需求，灵活地设计和调整教学目标，确保其能够有效地达到预期的教育效果。通过引入真实的跨文化案例和情境，以及利用现代技术和国际化资源，教师可以帮助学生更好地理解和应用英语语言和文化知识。例如，通过在线合作项目、虚拟文化体验和实地文化活动，学生可以积极参与到跨文化交际的实践中，提升语言应用能力和全球竞争力。

（二）确定语言教学内容所遵循的原则

确定语言教学内容的原则是确保教学内容既符合教育部颁布的《大学英语课程教学要求》，又能够有效地满足学生的实际需求和学习目标。教学内容的选择应该以多元文化交际为基础，注重文化内涵的融入，从而构建一个全面发展、跨文化交际能力提升的大学英语教学模式。基于《大学英语课程教学要求》，教学内容应当涵盖英语语言的基础知识和应用技能。这包括听、说、读、写等多方面的语言能力培养，同时还应注重语言学习策略的教授，以提升学生的自主学习能力。例如，在听力教学中，可以选择涉及不同口音和语速的真实语音材料，让学生习惯并理解各种语言环境下的交流方式。

教学内容的选择应立足于需求分析，深入了解学生的背景、学习目标和职业发展需求。通过需求分析，可以针对性地设计教学内容，确保学生在学习过程中能够获得实际应用的能力和技能。例如，针对商务英语课程的学生，教学内容可以重点围绕商业沟通、会议谈判、跨文化交际等实际场景展开，帮助他们在未来的职业生涯中能够顺利应对各种语言挑战。同时，教学内容的设定应尽量选择具有丰富文化内涵的语言项目。文化因素不仅丰富了语言学习的内容，还有助于学生更深入地理解目标语言国家的社会、历史和价值观念。例如，在阅读教学中引入经典文学作品、历史事件或当代社会议题，可以帮助学生扩展词汇量、提高阅读理解能力，并且培养他们对目标文化的敏感度和理解力。基于多元文化交际的大学英语教学模式应该通过多种教学手段和模式实现教学内容的有效传递和应用。这包括使用现代技术支持的在线资源、虚拟交流平台、实地文化体验等教学活动，以及开展学生之间和学生与外国师生之间的交流合作。通过这些实践，学生不仅能够在课堂上学到知识，还能够在实际交流中运用所学，增强其跨文化沟通的能力和信心。

（三）确定文化教学内容所遵循的原则

确定文化教学内容的原则是确保文化内容与语言学习内容相辅相成，通过选定典型文化差异内容，避免文化负迁移，并通过正确导向帮助学生克服民族中心主义。这些原则是构建基于多元文化交际的大学英语教学模式的重要组成部分。文化教学内容应与语言学习内容相辅相成。文化教学不仅仅是简单地介绍目标语国家的传统、习俗和历史，更重要的是将文化元素融入语言学习的各个方面。例如，在听力和阅读教学中，选择与文化紧密相关的素材，如文学作品、历史事件、当代社会问题等，帮助学生了解语言使用背后的文化背景，增强他们的语言理解能力和文化敏感度。

文化差异是不同民族和国家之间的自然现象，而不是好坏优劣的评判标准。在教学中，应选择那些典型的、有代表性的文化差异内容，帮助学生理解不同文化背景下人们的不同行为和思维方式。通过深入的文化解读和跨文化比较，学生可以更好地理解和尊重他人的文化习惯，避免由此产生的文化误解和冲突。文化内容要有正确导向，帮助学生克服民族中心主义。民族中心主义指的是对自己民族文化的过度自我中心和偏见，忽视或歧视其他文化的倾向。通过文化教学，教师应引导学生在正确认识和理解自己文化的同时，也要保持开放心态，尊重和包容他人的文化。例如，通过引入多元文化的教学内容和实际案例，让学生从不同的视角去看待世界，培养他们的跨文化交际能力和全球意识。

（四）使用教材所遵循的原则

使用教材的原则是确保引进理念先进、语料真实的国外教材，并且在需要的时候自行编写符合本校教学要求的教材。这些原则是构建基于多元文化交际的大学英语教学模式的关键组成部分。引进理念先进、语料真实的国外教材是教学内容质量的保证。随着全球化的深入发展，国际之间的跨文化交流日益频繁，学生需要通过学习真实的国外教材来提升他们的语言能力和文化意识。这些教材不仅包含了地道的语言表达和真实的交际场景，还反映了不同文化背景下人们的思维方式和价值观念。通过引入这些先进的教材，学生能够更好地理解和适应多元文化交际的挑战，为将来的国际交流和职业发展做好准备。自行编写符合本校教学要求的教材具有针对性和实效性。每所学校的教学目标和学生群体有所不同，因此在使用教材时，有时候需要根据具体情况进行调整和自主开发。自行编写的教材可以更好地满足学校的特定教学要求，结合本地的教学实践和学生的学习需求，设计合适的教学内容和活动。例如，可以根据学生的语言水平和文化背景编写案例分析、讨论问题、模拟交际等活动，以提升他们的语言技能和跨文化交际能力。

（五）课堂语言教学所遵循的原则

课堂语言教学所遵循的原则涵盖了多个方面，旨在全面发展学生的听、说、读、写、译能力，并构建基于多元文化交际的大学英语教学模式。听、说、读、写、译齐头并进是课堂语言教学的基本原则之一。这意味着教师在教学过程中应该全面培养学生的语言技能，使其能够在不同的语言活动中运用所学知识，包括听力理解、口语表达、阅读理解、写作能力及翻译技能。通过多样化的教学活动和任务设计，教师可以帮助学生在各个方面都有所提高，从而全面发展其语言能力。课堂教学以学生为中心。这一原则强调了教师在教学设计和实施中应关注学生的需求和兴趣，充分考虑到学生的学习风格和个体差异。通过个性化的学习路径和教学策略，教师可以激发学生的学习兴趣，促进他们的语言学习效果。创造活跃、轻松的课堂氛围，鼓励课堂互动。有效的语言学习需要一个积极互动的环境，学生在轻松愉快的氛围中更容易展示自己，勇于表达和交流。教师可以通过讨论、角色扮演、小组活动等形式，营造出鼓励学生参与的氛围，促进他们在真实的交际情境中练习语言技能。

考虑学生的个体差异，采取灵活的对策引导学生积极参与活动。每个学生的学习方式和学习速度都有所不同，教师需要根据学生的实际情况，灵活调整教学方法和内容，确保每位学生都能够在适合自己的节奏下学习和进步。这包括提供个性化的反馈和支持，帮助学生克服语言学习中的困难和障碍。充分利用网络多媒体等高科技手段。现代技术为语言教学提供了丰富的资源和工具，如互动式教材、在线课堂平台、语言学习应用程序等。教师可以利用这些高科技手段，增强教学的互动性和趣味性，丰富教学内容，提升学生的学习体验和效果。使用真实语篇，培养学生的交际能力。真实的语言使用环境可以帮助学生更好地理解语言的实际运用情境，学会在不同的语境中使用适当的语言表达。通过引入真实的语篇，如新闻报道、社交媒体内容、学术文章等，学生能够接触到多样化的语言材料，提升他们的语言综合能力和跨文化交际能力。

四、跨文化交际背景下大学英语的教学目的

（一）培养学生的英语综合应用能力

针对高校大学英语教学，我们需要设计一个全面的教学模式，以培养学生的语言能力、语言技能和语言运用能力为目标。根据学生的入学英语水平、专业特点、就业需求及深造需求，我们将从听、说、读、写、译、词汇六个方面进行系统培养，以达到较高的要求和综合应用能力。听力理解能力是英语教学的重要组成部分。学生需要能够听懂英语谈话和讲座，理解长篇英语广播和电视节目。为了提高学生的听力水平，我们将设计丰富多样的听力训练活动，包括真实录音材料和模拟听力考试，帮助学生适应各种语速和语调，并提高他们的听力理解能力。口语表达能力对于学生在日常交流和专业沟通中至关重要。我们将通过课堂讨论、角色扮演、口语练习等活动，培养学生就一般性话题进行流利会话的能力，使他们能够表达个人观点、情感和观点，同时提升他们的口头表达自信心。阅读理解能力是学生掌握英语信息和知识的重要途径。我们将引导学生阅读英语国家的大众性报刊、杂志等文章，训练他们的阅读速度和理解能力。通过精读和泛读的结合，学生能够更有效地

获取和理解各类英语文本的信息。书面表达能力是学术和专业交流的重要技能。我们将教授学生如何撰写个人观点表达、学术论文摘要及专业的英语小论文。通过逐步指导和实践训练，学生将掌握写作的基本结构和组织思想的能力，能够准确、清晰地表达观点和论证。

翻译能力在跨文化交际和学术研究中起到重要作用。我们将培养学生摘译所学专业的英语文献资料，同时提升他们在英译汉和汉译英方面的翻译速度和准确性。通过实际案例分析和翻译练习，学生将学会运用适当的翻译技巧和策略，确保译文通顺，准确地传达原文意思。在教学模式的构建中，我们将注重跨文化交际能力的培养，我们还将引入多元文化的视角，让学生了解和尊重不同文化背景下的语言使用习惯和交际方式。通过文化差异的课堂讨论和项目设计，学生将培养开放的思维，增强跨文化沟通的能力。

（二）培养学生的跨文化交际认知能力

1. 文化认知能力

文化认知能力不仅涉及学生对母语文化和目的语文化的理解，还包括他们如何在跨文化交际中运用这些认知来促进有效沟通和理解。跨文化交际要求学生不仅了解自己文化的习俗、价值观和思维模式，还要具备对目的语文化的深刻理解和适应能力。文化认知能力涵盖了跨文化思维能力的发展。这种能力要求学生能够超越自身文化的局限，理解和适应他人文化的思维方式和行为模式。我们通过引入丰富的文化背景资料、文化差异分析和跨文化交际案例，培养学生开放、包容的思维方式。通过对不同文化背景下的语言使用习惯、社会习俗和价值观念的学习，学生将逐步形成跨文化思维的能力，从而在实际交际中更加灵活和适应。

文化认知能力还包括对语境的敏感性和理解。语境往往决定了信息的传递和理解的有效性。学生需要学会在不同的语境下使用语言，理解语言行为背后的文化含义和隐含信息。因此，我们在教学中注重通过真实语境的模拟、角色扮演和跨文化情景讨论，帮助学生提高他们的语境感知能力和语用策略的应用能力。文化认知能力还涉及对文化差异的尊重和适应。学生需要学会从不同文化的视角看待问题，尊重和理解他人的文化信仰、行为习惯和社会规范。我们通过鼓励学生参与文化交流、开展文化研究项目和参加跨文化交际实践活动，培养他们的文化敏感性和跨文化适应能力。

2. 交际认知能力

跨文化交际能力是现代大学英语教学中不可或缺的重要组成部分。它不仅仅涉及学生对目的语言交际模式和习惯的理解，更重要的是包括对目的语言体系、交际规则和交际策略的全面掌握。人们的交往不再局限于特定的地域和文化，因此掌握跨文化交际能力成为学习和生活中必不可少的能力之一。了解目的语文化的交际模式和习惯是跨文化交际能力的基础。不同文化背景下的人们在交流中常常依赖特定的语言表达方式和交际习惯。例如，某些文化中的礼貌用语、表达情感的方式或者商务交流的惯例，都可能与学生母语的习惯有所不同。因此，大学英语教学应通过案例分析、实际交际模拟和文化背景介绍等方式，帮助学生理解和适应目的语文化的交际方式，从而减少误解和沟通障碍。

掌握目的语言体系、交际规则和交际策略是提高交际效果的关键。语言不仅仅是词汇和语法的组合，更包括一系列的语用规则和交际策略。例如，在英语中，礼貌语言的运用、语境依存的表达方式、非语言交际的重要性等都是影响交际效果的重要因素。通过系统的语用教学和跨文化交际技能训练，学生可以提升他们的语言应用能力，更有效地进行跨文化交流。跨文化交际能力的培养需要注重学生对文化背景的敏感性和理解力。教学中应鼓励学生通过阅读文化相关的文本、参与文化活动和与母语人士的互动，深入了解目的语言背后的文化价值观念、历史背景和社会习俗。这种文化认知不仅有助于学生在语言交流中的适应性，还能够增进他们对多元文化的尊重和理解，从而在全球化环境中更加自信和成功地进行跨文化交流。

（三）培养学生跨文化情感能力

1. 移情能力

跨文化交际能力已经成为大学英语教学中不可或缺的重要组成部分。而培养学生的移情能力，则更进一步强调了学生在跨文化交际中的心理和情感层面的应对能力。移情能力不仅仅是简单地了解和适应不同文化的语言和行为规范，更重要的是能够克服民族中心主义的倾向，进行换位思考，形成开放、包容的交际动机，从而实现真正意义上的文化融合和交流。培养学生克服民族中心主义的能力是跨文化交际教育的关键之一。民族中心主义指的是个体以自己所属民族的文化、价值观念和行为标准评价其他文化，从而产生偏见和歧视。通过深入的文化学习和实际交流活动，教师可以引导学生超越个人文化背景的限制，理解并尊重其他文化的独特性和多样性，从而减少或消除民族中心主义的负面影响。

移情能力还包括学生的换位思考能力。这种能力不仅要求学生能够从自己的文化角度出发理解其他文化，更要求他们能真正站在对方的立场上思考问题，感受和理解其他文化的价值观、习惯和行为方式。通过跨文化交际的实践，如模拟交流、文化体验活动和跨文化项目合作，学生可以逐步培养和提高这种换位思考的能力，从而在实际交际中更加灵活和包容。移情能力还涉及形成得体交际动机的能力。这包括学生在跨文化交际中能够根据具体情境和对方文化的特点，选择合适的交际策略和表达方式，避免语言或行为上的误解和冲突。大学英语教学应该注重实际交际技能的培养，通过角色扮演、情景模拟和实地考察等教学方法，帮助学生在实践中学会如何有效地应对不同文化背景下的交际挑战。

2. 自我心理调适能力

人们常常会面临文化差异带来的心理挑战，如文化休克、心理焦虑和压力感等。这些挑战不仅影响着个体的情感状态，也可能影响到交流的效果和质量。因此，大学英语教学的目标之一是培养学生的自我心理调适能力，使他们能够在跨文化交际中应对各种情境，保持心理健康和积极的交际态度。自我心理调适能力指的是个体在面对文化差异和不确定性时，能够有效地管理自己的情绪和情感反应，不至于被文化冲击所困扰或影响到交际的进行。这种能力不仅仅是简单的情绪管理，更是在理解和接受不同文化背景下的差异性时，保持内心的平衡和自信。

对目的语文化中不确定因素的接受能力是培养自我心理调适能力的重要组成部分。个体可能会面临许多不同于自己文化的行为方式、价值观念或社会规范，这些都可能引发对文化的不适或困惑。通过教学实践和案例分析，学生可以逐步了解和接受目的语文化中的多样性和复杂性，从而减少文化冲突的可能性，提升交际的成功率。保持自信和宽容的能力是自我心理调适的重要表现。在面对文化差异和挑战时，学生需要保持对自己和他人的信心，并以开放和宽容的态度对待文化差异。教师在课堂教学中可以通过角色扮演、模拟情景和跨文化讨论等方式，引导学生建立积极的交际心态，从而增强他们在文化交流中的自信和适应能力。

五、跨文化交际背景下大学英语的课程设置

（一）语言基础教学课程体系

在大学英语基础教学课程中，实施分类、分级教学动态管理机制是为了更有效地满足学生的学习需求和提升其语言能力。这种教学模式旨在根据学生的英语水平和学习目标，开设不同层次和类型的课程，包括大学英语听说课程和读写译综合课程，以确保他们在语言学习过程中全面发展。大学英语课程不仅仅是传授语言知识和技能，更重要的是通过教学内容和方法，培养学生的跨文化交际能力和文化认知能力。美籍教师在这一过程中发挥着重要作用，他们采用了多种教学手段，如体验文化教学法、话题发言、示范演讲、案例教学、模拟真实说话场景和角色扮演等。这些方法能够激发学生的学习热情，帮助他们更深入地理解和体验英语国家的文化背景和社会实践。例如，通过播放电视短剧、新闻节目等辅助教学方式，学生不仅能够接触到真实的语言使用情境，还能了解到英语国家的社会、文化和价值观念。这种实地体验的教学方法不仅使学习过程更生动有趣，同时也有效地促进了学生语言技能的发展，提升了他们的跨文化交际能力。在构建基于多元文化交际的大学英语教学模式时，关键在于整合语言学习与文化理解，使之成为教学的核心内容。课堂上不仅注重语法和词汇的教学，还要引导学生深入思考和探讨不同文化背景下的语言使用规范和社会行为准则。这样的教学模式有助于学生跨越语言障碍，真正理解和融入目标语言所在的文化环境。为了提升教学效果，还可以引入国际交流和合作项目，让学生有机会与母语为英语的同学或教师进行实时交流和合作，从而增强他们的语言实践能力和文化适应能力。这些实践性的学习活动不仅加深了学生对目标语文化的理解，还培养了他们解决跨文化交际中问题的能力和自信心。

（二）跨文化交际与应用课程体系

跨文化交际类课程和应用类课程的设置对于学生的综合能力发展至关重要。这些课程旨在通过多元化的教学内容和方法，培养学生在跨文化交际中的技能和能力，特别是结合英语语言和专业知识的应用实践能力，拓宽他们的国际视野，增强就业和深造竞争力。跨文化交际类课程涵盖了多个方面，如英语演讲技巧、英语影

视欣赏、英国历史、《圣经》与希腊神话、英美文学欣赏、中西文化对比及英语国家的社会与文化等。这些课程不仅仅传授语言技能，更重要的是通过文化视角深入探讨，帮助学生理解和适应不同文化背景下的交际规则、价值观念和行为准则。

教学方式和方法在跨文化交际类课程中显得尤为重要。传统的教师讲授和学生陈述结合的方式可以有效地传递知识和技能，但更重要的是要通过互动性强、体验性强的教学活动来激发学生的学习兴趣和主动参与。例如，英语演讲技巧课程可以通过实际演讲练习和同侪评估，帮助学生提升在跨文化背景下进行有效沟通的能力。英语影视欣赏课程则可以通过观看和分析来自不同英语国家的电影和电视节目，让学生在享受娱乐的同时，理解和体验不同文化的生活方式和价值观。中西文化对比课程可以通过案例分析和小组讨论，帮助学生认识到不同文化背景下的思维方式和行为模式的差异，从而增强他们的文化敏感性和适应能力。在应用类课程方面，结合英语与专业知识的课程设计，如英美文学欣赏和英国历史等，不仅能扩展学生的学科知识广度，还能通过英语语境中的学习，培养他们运用英语进行专业交流和研究的能力，为未来的学术研究和职业发展奠定坚实的基础。

六、跨文化交际背景下大学英语的文化教学方法和策略

（一）显性文化教学法

显性文化教学法是一种以文化知识为核心的教学方法，旨在通过系统化和结构化的教学内容，帮助学生深入理解和探索特定文化的各个方面。与传统的外语教学侧重于语言技能和交际能力不同，显性文化教学法聚焦于文化背景、价值观念、社会习俗等，以提升学生对文化多样性的认知和理解。在构建基于多元文化交际的大学英语教学模式中，显性文化教学法扮演着重要角色。它强调教学材料的选择和准备。这些材料应当涵盖多样化的文化内容，包括历史、艺术、宗教、社会结构等方面的信息，以便学生能够全面地了解和体验目标文化。通过文学作品、艺术品、电影片段等多媒体资源，学生能够直观地感受和学习不同文化的特征和发展。显性文化教学法注重教学方法的多样性和互动性。教师可以通过讲解、讨论、角色扮演、小组项目等多种方式。例如，安排学生进行文化对比分析或模拟跨文化交流的情境，让他们在实践中理解和应用所学的文化知识，从而提升他们的文化敏感性和跨

文化交际能力。

显性文化教学法支持学生自主学习和独立探索。通过提供结构化的学习资源和指导，但同时鼓励学生独立阅读、研究和思考，教师能够培养学生的批判性思维和自主学习能力。这种学习方式不仅有助于学生深入理解文化背景，还能够激发他们的创造力和批判性思维，从而培养出具备跨文化沟通能力的全面发展的个体。评估和反馈机制的建立是显性文化教学法成功实施的关键。教师可以通过考试、作业、项目报告等形式，评估学生对文化知识的掌握情况和能力发展。同时，及时反馈和指导可以帮助学生理解和改进自己的学习策略，从而实现文化学习目标的有效达成。

（二）隐性文化教学法

隐性文化教学法作为一种将外语教学与文化教学有机结合的方法，强调的是通过在语言学习的过程中自然地引入和探索文化背景、价值观念和社会习俗，从而增强学生的文化理解能力和跨文化交际技能。它通过语言的真实使用情境来传递文化信息。教师可以通过引入真实的语言材料，如电影片段、新闻报道、社交媒体内容等，让学生在学习语言的同时自然地接触和理解目标文化的各个方面。例如，通过讨论电影中的文化背景和角色行为，学生不仅学习语言表达，还能够深入探讨文化背景下的社会观念和情感表达方式。

隐性文化教学法注重语言和文化的紧密联系。教师在教学中可以引导学生分析语言背后的文化含义和内涵，如不同文化对于礼貌用语、社交行为、时间观念等的差异。通过语言的实际运用和反思，学生能够逐步领会并习得目标文化的隐性规则和行为准则，从而增强他们的跨文化交际能力。隐性文化教学法倡导学生的参与和互动。教师可以设计各种交际活动和角色扮演，让学生在模拟的语言环境中实践跨文化交流技能。例如，组织跨文化讨论会、模拟跨文化商务谈判等活动，让学生在实践中体验和理解不同文化背景下的沟通挑战和解决策略，从而增强他们的应变能力和文化适应能力。评估和反馈机制是隐性文化教学法的重要组成部分。教师可以通过观察学生的语言使用、参与活动的表现、书面作业的完成情况等多种方式，评估学生对文化内容的理解和语言运用能力。通过及时反馈和指导，帮助学生纠正错误、深化理解，并在实际交流中不断提升跨文化交际的效能。

第七章 多元教学理论下大学英语教学改革

第一节 新课改背景下大学英语教学改革

一、教学目标转变

(一) 从知识传授到能力培养

在当今新课改背景下,大学英语教学正经历着从简单的知识传授向综合能力培养的转变。传统上,大学英语教学主要侧重于语法、词汇等语言知识的灌输和应用,然而随着社会对人才需求的变化和教育理念的更新,越来越多的教育者和学者认识到,仅仅掌握语言知识远不能满足学生未来的职业和社会需求。因此,教育改革致力于从知识传授向能力培养的转变,特别是在英语教学领域,这一转变显得尤为迫切和重要。新课改背景下的大学英语教学改革强调综合能力的培养。传统的语言教学往往侧重于单一技能的训练,如阅读或写作,而新的教学理念强调学生在听、说、读、写、译等多方面的综合应用能力。这意味着教育者需要设计更为综合和多样化的教学活动,通过多种形式的任务设计和项目驱动学习,培养学生在实际语言使用中的全面能力。例如,组织学生进行跨文化交流模拟、解决实际问题的团队合作项目等,这些活动不仅考验学生的语言表达能力,还能培养他们的合作精神、创新思维和解决问题的能力。新课改背景下的大学英语教学改革强调任务型学习和以学生为中心的教学模式。任务型学习强调学生在解决实际问题的过程中学习语言,并结合社会实践和职业需求设计课程内容。例如,通过案例分析、实地调研、模拟商务谈判等任务,学生能够在真实情景中应用语言,提升他们的语言实际运用能力和解决问题的能力。

新课改背景下的大学英语教学改革强调跨学科和综合能力的培养。语言不再是单一的学科，而是跨学科教学的重要组成部分。教育者需要整合语言学、文化学、社会学、心理学等多个学科的理论和实践，设计出能够全面培养学生综合能力的课程。例如，引入跨文化心理学理论，帮助学生理解不同文化背景下的行为模式和沟通方式，从而提高他们在跨文化环境中的适应能力和交际效果。新课改背景下的大学英语教学改革注重评估方法的创新和个性化。传统的考试评估往往侧重语法和词汇知识的测试，而现在的趋势是通过多样化的评估方式来全面评估学生的综合能力，包括口语演讲、写作作品、团队项目报告等形式的评估。这些评估方法能够更准确地反映学生的语言运用能力、批判性思维和创新能力，为他们的个性化发展和职业准备提供更有效的支持。

（二）跨文化交际能力

随着全球化进程的加速和各国间交往的增加，跨文化交际能力成为现代社会中不可或缺的一项重要能力。这种能力不仅仅关乎语言的表达和沟通技巧，更涉及对不同文化背景的理解、尊重和适应能力。新课改背景下的大学英语教学强调实践导向和任务型学习。传统的语言教学往往侧重语法和词汇的传授，而现在的教学模式更注重学生在实际交流中的应用能力。通过设计各种真实场景下的任务和项目，如模拟跨文化商务谈判、国际会议演讲等，学生在实际操作中学习如何有效地理解和应对不同文化的交流挑战。这样的教学方法不仅使学生获得语言技能，还培养了他们的文化敏感性和解决问题的能力。跨文化交际能力的培养需要深入了解不同文化背景下的价值观、信仰和行为模式。新课改背景下的大学英语教学应该引入跨文化沟通理论和实践，帮助学生理解文化背景对语言使用和交流方式的影响。通过讨论和分析案例，学生可以学习到如何避免文化误解和冲突，如何在跨文化环境中建立信任和合作关系。这种深入理解文化背景的教学方法有助于学生提高文化智能，使他们能够更加自如地跨越语言和文化的障碍进行交流。

新课改背景下的大学英语教学改革还要注重跨学科的整合和实践能力的培养。跨文化交际不仅仅是语言能力的展示，还需要结合文化学、社会学、心理学等多个学科的理论和实践。通过引入这些跨学科的知识，学生能够更全面地理解文化差异背后的深层次原因，从而更有效地进行跨文化交际。例如，学生可以通过案例分析和实地考察来探讨不同文化背景下的沟通策略和解决方案,这种综合性的学习方式能够提升他们的综合能力和应对复杂环境的能力。新课改背景下大学英语教学的评估也需要相应调整,以确保跨文化交际能力的全面发展。传统的考试和测评方式可能无法全面反映学生在跨文化交际中的真实表现和能力。因此,教育者可以通过多样化的评估方式,如口语演讲、团队合作项目、跨文化交流报告等,来评估学生的语言能力、文化理解能力及解决问题的能力。这样的评估方式不仅能够更贴近实际应用场景,还能够激励学生在学习过程中积极参与和进步。

二、教师专业发展

(一)教师培训

在新课改的背景下,大学英语教学改革不仅关注课程内容和教学方法的更新,也十分重视教师的培训与发展。教师作为教学改革的重要推动者和实施者,其教学水平的提升和国际视野的拓展,直接影响到教育质量的提高和学生跨文化交际能力的培养。新课改背景下的大学英语教学要求教师具备更加全面和深入的专业知识。传统的语言教学已不再局限于语法和词汇的传授,而是注重语言能力的综合发展,特别是跨文化交际能力的培养。因此,教师需要不断更新自己的学科知识,深入了解语言学、文化学、教育心理学等相关领域的最新理论和研究成果。定期参加国内外的专业培训和学术交流,是教师提升教学水平的重要途径之一。教师的教学方法和策略也需要与时俱进。新课改强调实践导向和任务型学习,这对教师提出了更高的教学要求。教师需要掌握多样化的教学策略,如案例教学、项目驱动学习、合作学习等,以满足学生在不同学习需求和背景下的教育需求。培训课程可以通过分享最佳实践、教学案例分析和教学设计讨论等形式,帮助教师掌握和应用新的教学方法,提升课堂教学的效果和吸引力。

国际视野的拓展对于教师的专业发展至关重要。跨文化交际能力的培养要求教师能够理解和尊重不同文化背景下学生的学习风格和思维方式。参加国际教育会议、学术交流和国际课程培训,可以帮助教师了解国际教育趋势、接触最新的教育理念和实践经验,从而将国际化元素融入自己的教学实践中。这种国际化的视野不仅能够提升教师的专业声誉,还能够激发教师对教育事业的热情和创新精神。教师的终身学习意识和能力是教育改革的长久动力。教师培训不应局限于单次短期的课程，而应建立起持续的专业发展机制和学习社群。例如，学校可以设立教师发展中心或者专门的教师培训部门，定期组织各类学术讲座、教学研讨会和专题研修班，为教师提供持续的学术支持和教学指导。同时，通过建立教师之间的合作网络和互动平台，促进教师间的经验交流和专业互助，进一步推动教育教学质量的提升。

（二）科研与教学结合

大学英语教学改革不仅强调提高学生的语言水平和跨文化交际能力，还要求教师积极参与科研，并将最新的教学研究成果应用到实际教学中。科研与教学的结合不仅可以促进教师的个人发展，还可以提升教育教学质量，满足学生不断变化的学习需求和社会需求。教师参与科研可以深化对英语教学理论的认识和理解。随着教育技术和教学方法的不断更新，教师需要具备前沿的教学理念和方法论。参与科研项目、撰写教育论文和参加学术会议，可以让教师接触到最新的研究成果和教学实践，从而拓宽自己的学术视野，提升专业素养。科研与教学的结合有助于提升课堂教学的实效性和吸引力。通过科学的研究方法和数据分析，教师可以更准确地把握学生的学习需求和学习困难，设计和调整教学策略。例如，基于研究发现的反馈机制，教师可以及时调整教学内容和方法，使学生更有效地掌握英语语言技能和跨文化交际能力。

科研与教学结合可以促进教师的专业发展和职业晋升。在大学体系中，科研成果不仅仅是学术声誉的体现，也是评价教师教学能力和学术水平的重要标准之一。参与科研项目和发表高水平的研究成果，有助于提升教师在学术界的影响力和竞争力，为教师的职业发展打开更广阔的空间。科研与教学结合可以推动教育教学模式的创新和教学资源的优化。通过教学研究，教师可以探索和开发新的教学方法和工具，如基于技术的教学平台、个性化学习系统等，以适应学生多样化的学习需求和学习方式。同时，教师还可以借助科研资源获取和整合各类教育资源，为学生提供丰富的学习体验和学术支持。科研与教学结合也是培养学生科研意识和创新精神的有效途径。作为教育者，教师的科研成果和教学方法直接影响学生的学习和发展。教师通过科研项目和成果的分享，可以激发学生的学术兴趣和研究热情，引导他们积极参与学术探索和创新实践，培养学生的批判性思维和问题解决能力。

三、评价体系改革

（一）过程性评价

过程性评价作为大学英语教学改革的重要组成部分，强调的是对学生学习过程中的表现和进步进行全面、细致的评估，相较于传统的单一考试评价，它更加符合学生个性化学习的需求，促进了教学质量和学生学习效果的提升。过程性评价突出了学生学习的动态性和多样性。在传统教学中，学生的学习成绩主要依赖期末考试或大作业，这种评价方式往往不能全面反映学生在学期内的真实学习情况。而过程性评价通过多种形式的评估，如平时作业、小组项目、课堂表现等，能够及时发现和反馈学生的学习进展，帮助教师更好地调整教学策略和内容，满足学生个性化的学习需求，促进学生全面发展。过程性评价注重培养学生的自主学习和批判性思维能力。在新课改的理念下，教育的目标不仅仅是传授知识，更是培养学生的能力，包括批判性思维、问题解决能力和创新能力。通过定期的小组项目、课堂讨论和个人作业，学生不仅能够掌握知识，还能够在实践中应用和巩固所学的知识，培养团队合作精神和沟通能力，增强解决问题的能力，从而提升其综合素质。

过程性评价有助于建立积极的学习氛围和促进教师与学生之间的互动。传统的考试评价往往会给学生带来较大的压力和焦虑，而过程性评价更加注重学生的学习过程和进步，能够激励学生主动参与学习，增强学习的积极性和主动性。同时，通过教师对学生的及时反馈和指导，可以帮助学生及时调整学习策略，改进学习方法，形成良好的学习习惯和态度。过程性评价有助于提升教学质量和适应社会需求。随着社会的发展和经济的全球化，人才培养需要更多地强调学生的实际操作能力、创新能力和跨文化交际能力。过程性评价通过多样化的评估方式，能够更全面地评价学生的综合能力，为学生的职业发展和社会适应能力打下坚实的基础，提高教育教学质量的整体水平。过程性评价在实施过程中也面临一些挑战和困难。例如，如何设计科学合理的评估标准和方法，确保评价的客观性和公正性；如何有效整合各种评价形式，避免过多的评估任务给教师和学生带来额外负担等。因此，教育管理部门和学校需要制定合理的评估政策和机制，支持和推动过程性评价在实践中的有效落地。

（二）多元化评价方式

多元化评价方式成为大学英语教学改革的一个重要策略，旨在更全面地衡量学生的综合能力，超越传统的单一笔试评价，结合了笔试、口试、项目展示等多种评价形式，以促进学生全面发展和实现教学目标。传统的笔试评价虽然可以检验学生对语言知识和基本技能的掌握，但其局限性在于不能全面反映学生的语言运用能力和沟通能力。而新课改推崇的多元化评价方式，包括检验口语表达能力的口试评价和进行项目展示的实际操作能力评价，能够更准确地评估学生在语言交际中的应对能力和综合运用能力。口试作为评价手段之一，能够有效衡量学生的口语表达能力、听力理解能力和交际策略运用能力。通过实时对话和互动，评估学生在不同语境下的语言应用能力，如流畅度、准确性和语用适应性，从而更全面地了解学生的语言实际运用情况，这对于提升学生的跨文化交际能力尤为重要。

项目展示评价则侧重于学生在实际项目中的综合能力展示。项目可以设计为小组合作或个人作品展示，要求学生结合所学知识和技能，解决实际问题或完成特定任务。这种形式不仅考验学生的创新能力和团队协作能力，还能够激发学生的学习兴趣和动力，培养其实际操作能力和解决问题的能力。多元化评价方式还包括课堂表现、平时作业等形式。课堂表现评价不仅仅是对学生语言技能的考核，更是对学生参与度、合作精神、批判性思维和创新能力的评估。平时作业可以通过多样化的形式，如书面作业、在线讨论、小组讨论等，促进学生对知识的掌握和应用，同时培养学生的自主学习能力和解决问题的能力。

第二节 多模态教学模式下大学英语教学改革

一、多模态教学模式

多模态教学模式是一种综合利用多种感官渠道和不同类型的教学媒体来促进学生学习的方法。该模式强调通过视觉、听觉、触觉、运动等多种感官和符号系统（如语言、图像、声音、视频等）进行信息传递和知识构建。

二、多模态教学模式下大学英语教学改革

（一）多样化教学资源

1. 整合多种媒体形式

在大学英语教学改革中，多模态教学模式的应用越来越受到重视，它利用文字、图片、视频、音频、动画等多种媒体形式来呈现教学内容，以丰富学生的学习体验和提升教学效果。多模态教学模式充分利用了现代技术和多媒体资源，为学生提供了丰富多样的学习材料。以英语听力课程为例，传统的听力教学可能局限于录音或简单的对话，而多模态教学模式则可以通过播放电影片段、新闻录音、互动练习等方式，让学生接触到真实语境下的语言使用，提高其听力理解能力和语境推测能力。通过观看视频，学生不仅能听到语言，还能看到说话者的表情、肢体语言，这有助于他们更全面地理解语言信息和语言背后的文化含义。多模态教学模式强调学习方式的多样性和个性化。每个学生都有自己的学习偏好和强项，有些学生更善于通过视觉方式学习（如图片、图表），而有些学生则更倾向于通过听觉方式学习（如音频、录音）。多模态教学模式可以根据学生的不同需求和学习风格，提供多样化的学习材料和活动，让每位学生都能找到适合自己的学习途径，提高学习效率和学习动机。

多模态教学模式促进了跨学科的整合和知识的深度理解。可以结合不同学科领域的内容和资源，如结合历史课程讲述相关背景故事，或者引入社会学、文化学的理论来解释语言使用的背景和文化差异。通过多种媒体形式呈现的跨学科知识，可以帮助学生更深入地理解英语语言的语言学、社会文化背景及其影响，培养学生的批判性思维和跨文化交际能力。多模态教学模式还能够激发学生的学习兴趣和参与度。现代学生对多媒体和互动学习的接受度很高，他们习惯于通过互联网和移动设备获取信息和学习资源。利用生动的视频、引人入胜的动画、丰富的图片和音频资源，可以吸引学生的注意力，增强他们的学习动机，从而提升学习效果和教学质量。

2. 利用数字化资源

数字化资源为学生提供了便捷和实时的学习渠道。传统的教学模式依赖教室内

的面对面授课和书本资料,而数字化资源则能够让学生随时随地通过互联网获取丰富的学习内容。例如,学生可以利用在线词典和语法练习网站查找生词,进行语法练习,这样不仅增加了学习的灵活性,也提高了学习效率。数字化资源丰富了教学内容和学习资源的形式。在多模态教学模式下,数字化资源不限于文字和图片,还包括音频、视频、动画等多种形式。学生可以通过观看视频来学习实际语言使用情境,通过听取录音来提高听力理解能力,通过参与互动练习来加深对语言知识的理解。这些多样化的学习资源不仅使学习过程更加生动和有趣,也更符合学生现代化学习的习惯和需求。数字化资源促进了个性化学习和自主学习能力的培养。通过英语学习 APP 和在线平台,学生可以根据自己的学习进度和需求选择适合的学习内容和学习方式,进行自主学习和个性化学习。这种学习方式不仅能够提高学生的学习动机和参与度,还能够培养他们的自主学习能力和信息获取能力。

数字化资源也为教师提供了更多的教学工具和支持。教师可以利用在线平台管理课程、布置作业、监督学生学习进度,还可以利用电子教材和在线资源设计丰富多样的教学活动和评估方式。通过数字化工具,教师能够更好地跟踪学生的学习情况,提高教学效果和教学质量。数字化资源为跨文化交际能力的培养提供了新的机遇和平台。学生可以通过在线资源了解和接触到不同国家和文化背景下的语言使用和社会习俗,这有助于他们更深入地理解跨文化交际的挑战和技巧,提升自己的跨文化交际能力和国际视野。

(二) 增强学习深度和理解

在大学英语教学改革的背景下,多模态教学模式被认为是提升学习深度和理解的有效策略。这种教学模式通过文字、视觉、听觉、动手等方式,帮助学生更深入地理解和吸收知识,特别是对于复杂概念和抽象内容的理解更为有效。多模态教学模式通过结合文字讲解和视觉示例来提升学习深度。传统的教学模式往往依赖口头讲解和书面材料,这可能会限制学生对抽象或复杂概念的理解。而多模态教学则能够通过使用图像、图表、动画等视觉示例,将抽象的概念转化为具体的形象,使学生更直观地理解并记忆相关内容。例如,在英语语法教学中,可以通过动画展示句子结构、语法规则的运用,帮助学生更清晰地掌握语法知识,从而提升他们的语言应用能力。多模态教学模式能够激发学生的学习兴趣和参与度。通过引入多种感官体验，如观看视频、听取录音、参与互动等，学生在学习过程中能够更积极地参与和投入。这种参与度的提升不仅能够增强学生的学习体验，还能够促进他们对学习内容的深度理解。例如，通过观看相关主题的视频讲解或听取实地录音，学生可以在模拟真实场景中学习语言应用技能，从而提高他们在实际交流中的表达能力和理解能力。

多模态教学模式有助于个性化学习和学习策略的多样化。每个学生的学习方式和学习习惯可能存在差异，而多模态教学模式提供了多样化的学习方式和工具选择，能够更好地满足学生个性化学习的需求。例如，一些学生更善于通过视觉方式学习，可以通过观看图像、图表来理解和记忆内容；而另一些学生可能更倾向于通过听觉方式学习，可以通过听取录音、语音讲解来加深理解。通过灵活运用多种教学资源和工具，教师能够根据学生的实际需求和学习风格设计课程，提升教学效果和学习成效。多模态教学模式有助于促进跨学科学习和跨文化理解能力的培养。学生需要具备跨学科的知识和技能，能够在不同文化背景和专业领域中进行交流和合作。多模态教学模式不仅可以在语言教学中引入相关跨学科内容，还能够通过多种文化材料和多媒体资源来拓展学生的国际视野和提高跨文化理解能力。例如，通过观看不同文化背景下的电影片段或阅读跨文化交流的案例，学生可以更深入地理解不同文化之间的差异和共通点，从而增强他们的跨文化沟通能力和应对能力。

（三）提升语言技能的综合能力

传统的英语教学强调语法、词汇的学习，但现代教育越来越注重培养学生在听、说、读、写等多种语言技能上的综合应用能力。多模态教学模式作为一种创新的教学方式，能够有效地全面提升学生的语言应用能力，使其在实际交际中更加自信和流利。传统的语言教学往往侧重于对书面材料的口头讲解，而多模态教学则通过结合文字、图片、视频、音频等多种媒体形式，帮助学生在听、说、读、写各方面进行全面训练。例如，在听力训练中，可以利用真实的录音、视频剪辑等多媒体资源来展示不同语速、口音和语境下的英语使用情景。多模态教学模式强调实际应用和任务驱动学习。在教学设计中，可以结合真实场景模拟，如模拟商务会议、学术讨论或社交场合的对话，让学生在实际情境中练习使用英语，从而提高语言应用能力和交际技能。通过任务型教学,学生不仅能够学习语言知识,还能够在解决问题和完成任务的过程中培养逻辑思维和沟通能力。多模态教学模式注重个性化学习和学习策略的多样化。每个学生的学习风格和学习习惯可能有所不同,多模态教学提供了多种教学资源和工具选择。

第三节 课程思政视域下大学英语教学改革

一、课程思政

课程思政,即课程思政教育,旨在将思想政治教育融入各类课程教学中,以实现"全员、全过程、全方位育人"的目标。在大学英语教学改革中引入课程思政视域,有助于全面提升学生的思想道德素质和综合素养。

二、课程思政视域下大学英语教学改革的内容

(一)教学目标的设定

1. 弘扬社会主义核心价值观

在当前中国教育体系中,弘扬社会主义核心价值观已经成为一项重要任务。如何有效地通过课程内容和教学活动引导学生理解和践行社会主义核心价值观,具有重要的教育意义和实践价值。社会主义核心价值观包括富强、民主、文明、和谐、自由、平等、公正、法治、爱国、敬业、诚信、友善等核心内容。教师可以通过深入的课程设计和教学活动,有针对性地融入这些核心价值观,使学生在学习英语的同时,了解和认同这些价值观的重要性。课程内容的选择是关键。英语教学可以通过选取与社会主义核心价值观相关的话题和材料来进行教学。例如,可以选取关于国家发展、社会进步、民族团结、科技创新等方面的文章、演讲或视频,引导学生思考和讨论这些话题背后所体现的核心价值观。通过阅读、听力、口语训练等多种方式,帮助学生理解和内化这些价值观,并将其融入日常生活和学习中。教学活动的设计应注重实效性和互动性。传统的课堂教学可以结合现代化的教学方法和技

术，如多媒体教学、互动式讨论、小组合作学习等。例如，可以组织学生观看关于社会主义核心价值观的相关视频，然后展开小组讨论或展示，让学生通过自主学习和合作学习的方式深入探讨和理解核心价值观的内涵和实践方式。

课程思政的视域是教学改革的重要方向。课程思政是指将思想政治教育融入各门课程中，通过学科教学来增强学生的思想政治觉悟和能力。可以通过引导学生分析和评价不同社会现象、文化现象中的价值取向，引导他们形成正确的世界观、人生观和价值观。例如，通过文学作品、历史事件等英语教学资源，让学生深入思考社会主义核心价值观对个人发展和社会进步的重要作用。评价体系的建立也是推动社会主义核心价值观教育的重要环节。评价不仅应该关注学生语言水平的提高，还应该评估学生对社会主义核心价值观的理解和实践能力。教师可以通过作业、课堂讨论、小组项目、论文写作等形式来综合评价学生的学习成果，确保社会主义核心价值观教育贯穿教学的全过程。

2. 培养国际视野和文化自信

大学英语教学不仅仅是培养学生的语言表达能力，更重要的是培养学生的国际视野和文化自信。通过英语学习，学生可以深入了解不同国家和地区的文化、历史、社会制度及其背后的核心价值观，从而增强对多元文化的理解和包容，同时也能提升自身的文化自信心。在课程思政的视域下，大学英语教学改革如何有效地实现这一目标呢？课程内容的选择至关重要。在大学英语课程中，可以引入涉及国际社会和不同文化背景的话题和材料。这些内容包括但不限于国际政治、经济、社会问题，跨文化交流与沟通的技巧，以及不同国家的文化传统和历史背景等。通过精心设计的课程内容，学生可以逐步深入了解和体验全球化时代的多元文化，从而培养国际视野和跨文化交流能力。教学方法的创新是实现目标的关键。传统的英语教学方法强调语言结构和应试技巧，而在课程思政的视域下，教师可以探索更多多样化和互动性强的教学方法。例如，结合多媒体技术和互动式教学工具，设计跨文化交流的模拟场景和角色扮演活动，让学生在虚拟的国际环境中进行语言实践和文化交流，从而提升语言应用能力和跨文化交际能力。

教师应具备丰富的国际视野和跨文化交流经验，能够通过教学实践和个人示范，激发学生对多元文化的兴趣和理解。同时，教师应引导学生积极参与国际交流和合作项目，如国际学术会议、文化交流活动等，拓宽学生的国际视野和人际网络。评价体系的建立应符合课程思政的要求。除了传统的笔试和口试评估，教师可以引入更加贴近实际应用的评估方式。例如，通过学术论文、跨文化交流报告、项目展示等方式，评估学生在语言运用、跨文化理解和社会责任感等方面的综合能力。这些评估活动不仅能够全面反映学生的学习成果，也能够激励他们在学习过程中更深入地思考和实践社会主义核心价值观。

3. 提升思想政治素养

提升思想政治素养不仅仅是培养学生理解国家政策和法律的能力，更是培养学生正确的社会主义核心价值观，引导他们在语言学习过程中对社会现象和价值观进行深入分析、批判性思考和综合评价的能力。大学英语教学改革如何实现这一目标呢？课程设计应当融入社会主义核心价值观。教师可以通过选择与社会主义核心价值观相关的话题和文本，引导学生在语言学习的过程中思考和讨论这些价值观在实际生活中的体现及其影响。例如，选取与公平正义、诚信友善、民族团结、社会责任等相关的文章、新闻报道或文学作品，让学生通过语言学习的途径深入了解这些价值观的内涵和实践要求。引导学生在语言材料中分析社会现象和价值观。在语言学习过程中，教师可以选取一些具有社会议题性质的语言材料，如时事新闻、社会调查报告、社交媒体评论等，让学生从语言的角度出发，分析其中蕴含的社会现象、价值观及其背后的意义。教师通过引导学生进行深入思考和讨论，不仅可以提升他们的语言表达能力，更能培养他们对社会问题的关注和批判性思维。

开展课堂互动和小组讨论。在课程教学中，教师可以设计各种形式的互动活动和小组讨论，鼓励学生积极参与和交流。例如，组织学生就特定社会议题展开辩论，让他们从不同的角度和立场出发，思考和分析问题，并通过语言表达自己的观点和看法。通过这些互动和讨论，学生能够从多样的视角理解社会现象，形成独立的思考和判断能力。引导学生进行跨学科的思考和探索。语言学习本身是一项跨学科的活动，教师可以引导学生将语言学习与其他学科领域结合起来，探索社会现象和价值观的多重维度。例如，通过文学作品分析社会伦理和道德问题，通过科技报道了解科学发展与社会进步的关系，通过历史文献了解社会变迁与文化传承的联系等。通过跨学科的学习和思考，学生能够更全面地理解和把握社会的复杂性和多样性。建立科学有效的评估体系。在课程设计中应考虑如何通过多样化的评估方式全面衡量学生的思想政治素养。除了传统的笔试和口试，可以引入学术论文、项目报告、社会调研、参与社区服务等方式进行评估，评估学生在语言应用、批判性思维、社会责任感等方面的综合能力。这样的评估体系不仅能够激励学生深入学习和思考，也能够促进他们的思想政治素养的全面提升。

（二）教学内容的调整

选择合适的教材和语料对于培养学生的多元文化视野、国际理解能力及思想政治素养至关重要。这些教材和语料应当能够涵盖多元文化、国际事务和重大社会问题，通过语言学习使学生能够接触和理解不同背景下的价值观和思想观念。选择涵盖多元文化的教材和语料。不同文化的相互交流与碰撞成为常态。为了培养学生的跨文化交流能力和国际视野，教师可以选择那些反映不同文化背景、历史和传统的英语教材。这些教材不仅包括文学作品、电影和音乐，还包括有关社会风俗、习惯、价值观念和民俗的文本。例如，可以选用包括不同国家和地区文学作品的选集，如美国、英国、澳大利亚、加拿大等国家的作品，或者非洲、亚洲、拉丁美洲等地区的文学代表作品，让学生通过阅读和分析了解和体验不同文化的独特魅力和思维方式。选择涵盖国际事务和重大社会问题的教材和语料。现代社会面临着全球化、气候变化、人权问题、经济发展等复杂而深刻的国际事务和社会问题。通过选用涉及这些问题的教材和语料，可以帮助学生了解全球范围内的重大挑战及其对不同国家和民族的影响。例如，可以引入有关全球气候变化、跨国企业运作、国际人权法、贫富差距等主题的文章、报告和案例分析，让学生通过阅读、讨论和分析，理解并思考这些问题的复杂性和解决方案。选用具有反映社会现实和批判性思维的教材和语料。思政教育的核心在于引导学生通过学习和思考，形成正确的世界观、人生观和价值观。因此，在选择教材和语料时，应该考虑其能否引发学生的思辨性和批判性思维。教师可以选取那些具有深刻社会意义和启发性的文章、评论和访谈，让学生从中获取信息、分析问题，并从不同角度审视社会现象和价值观念的多样性。通过这些教材和语料的使用，学生不仅能够提升英语语言能力，还能培养对社会和人类文化的理解和关注，从而更好地融入全球化时代的复杂社会环境中。

创新教学方法和活动设计，促进学生综合能力的发展。选用合适的教材和语料之后，教师应当结合多种教学方法和活动设计，有效地传授知识、引导思考，并培养学生的综合能力。例如，可以组织学生进行小组讨论、辩论和项目研究，让他们从多个角度和层面深入探讨所学知识，运用语言表达自己的看法和理解。同时，引入信息技术和多媒体资源，如网络搜索、视频展示、在线课程等，增强学生的学习体验和互动性。建立科学的评估体系，全面评估学生的学习成果和能力发展。教学改革的目的在于提高教学质量和学习效果，因此必须建立科学有效的评估体系。除了传统的考试和作业评分，还可以采用项目报告、口头展示、实地考察、参与讨论等形式进行评估，综合考查学生在语言运用、跨文化交流、社会责任感和批判性思维等方面的综合能力。评估结果既反映学生在知识掌握上的水平，也能够评价他们在思想政治素养方面的成长和发展。

第四节 教育生态学视角下大学英语教学改革

一、系统性思考与整合资源

在当今高等教育环境中，教育生态学的理念日益引起关注，尤其是在大学英语教学改革中，其思想与方法显得尤为重要和适用。教育生态学强调教育系统内外各种因素的相互作用和影响，主张通过整合各种资源，打造一个有机的教育生态系统，以促进学生综合发展和学习效果的提升。在传统的大学英语教学中，往往局限于课堂教学，侧重语言知识和技能的传授，但这种模式难以满足学生全面发展的需求。

（一）课堂教学的创新

传统的大学英语课堂往往以教师为中心，学生是被动接受者。这种教学模式在很大程度上限制了学生的主动性和创造性，不利于其综合能力的培养。教育生态学作为一种新兴的教育理论，提倡构建一个互动式、合作式的学习环境，强调教师和学生之间的互动关系，鼓励学生主动参与，提升其语言运用能力和批判性思维能力。教育生态学的核心理念是"以学生为中心"。在这一视角下，教师应设计多样化的教学活动，如小组讨论、案例分析、角色扮演等，让学生在实际的语言交流和任务中应用所学知识。例如，在小组讨论中，学生可以围绕某一主题展开辩论，锻炼其表达和逻辑思维能力；在案例分析中，学生通过分析真实案例，培养其解决问题的能力；在角色扮演中，学生模拟真实情境，提高其语言运用的灵活性和应变能力。

教育生态学强调环境对学习的影响。在大学英语课堂上，教师应创造一个开放、包容的学习环境，鼓励学生自由表达意见和见解，促进其主动思考和探究。具体来说，教师可以通过设计开放性的问题和任务，激发学生的兴趣和参与度。例如，教师可以结合当前的社会热点和文化现象，提出一些具有挑战性的问题，让学生在查找资料、交流讨论的过程中，加深对问题的理解，提高其批判性思维能力。教育生态学提倡合作学习。合作学习不仅有助于学生之间的相互帮助和知识共享，还可以培养其团队合作精神和人际交往能力。例如，教师可以布置一些需要小组协作的项目任务，如制作英语演讲、编写英文剧本、进行跨文化交流等，让学生在合作中学习，在实践中成长。教育生态学强调教学评价的多元化。传统的评价方式往往以考试成绩为主，忽视了学生在学习过程中的努力和进步。在教育生态学视角下，教学评价应更加注重过程性评价和多元化评价。教师可以通过课堂表现、作业完成情况、小组合作情况等多方面综合评价学生的学习效果，给予及时反馈和指导，帮助学生发现问题、改进学习方法。

（二）在线学习资源的整合利用

随着信息技术的迅猛发展，互联网资源在教育领域中的地位和作用日益凸显。特别是在大学英语教学中，互联网资源作为一种重要的教学补充和延伸，为学生提供了丰富多样的学习渠道和个性化学习体验。如何整合和利用在线学习资源成为大学英语教学改革的重要议题。教育生态学强调教学过程中的互动性和合作性，这为在线学习资源的整合利用提供了理论依据和实践指导。通过这些平台，学生可以根据自己的兴趣和需求选择适合的课程，进行自主学习和模块化学习，从而提高学习的自主性和灵活性。教育软件的应用为学生提供了更加便捷和高效的学习工具。开放式课程资源是在线学习资源的重要组成部分。OER包括各种开放获取的教材、课件、视频、音频等教学资源，教师可以根据教学需求进行选择和整合，优化教学设计。

在线学习资源的整合利用不仅体现在教学内容和工具的多样化上，还应注重学习环境的建设。教师应鼓励学生利用在线资源进行自主学习和合作学习，培养其自主学习能力和团队合作精神。例如，教师可以通过建立在线学习社区，让学生在社区中分享学习经验和资源，互相讨论和交流，共同解决学习中的问题。这样不仅可以激发学生的学习兴趣和动力，还能增强其参与感和归属感。在在线学习资源的整合利用方面，还应注重个性化学习体验提供。由于班级人数较多，教师难以兼顾每个学生的个体差异。而通过在线学习资源，教师可以为每个学生制订个性化的学习计划，根据其兴趣、需求和学习进度进行个性化的指导和评价。例如，教师可以通过在线测试了解学生的英语水平和学习需求，并根据测试结果推荐适合的课程和学习资源，帮助学生制订合理的学习目标和计划。

二、学习者中心与个性化学习

在当今教育改革的浪潮中，学习者中心和个性化学习成为引领大学英语教学改革的重要理念和实践目标。教育生态学的视角为我们提供了深入思考和实施这一目标的框架，强调将学生置于教育系统的核心位置，充分关注他们的个体差异和学习需求，通过创新的教学策略和资源整合，实现教育的全面发展和优化效果。

（一）学习者中心的教学模式

传统的大学英语教学常常采用以教师为中心的传授模式，注重知识的传递和语言技能的培养，但忽略了学生的个性化差异和学习需求。我们应当将学生置于教学的中心位置，从而推动学习者中心教学模式的实施。这种模式强调学生的主动参与和自主学习，教师的角色更多的是指导者和支持者。学习者中心的教学模式不仅仅关注知识的传递，更注重学生的学习过程和能力的培养。例如，教师可以通过个性化的学习路径设计，根据学生的语言水平、兴趣和学习风格，调整教学内容和方法。这种灵活性和个性化的教学设计能够更有效地激发学生的学习动机和积极性，提升他们的学习成效。

（二）支持个性化学习路径和灵活的学习进度

教育生态学认为，学习不应局限于课堂内的教学活动，还应包括广泛的学习资源和社会实践的融合。个性化学习路径的设计是实现学习者中心的关键之一。通过评估学生的语言水平、学习目标和兴趣，可以为每个学生量身定制适合其需求的学习计划和资源。例如，学生可以选择参与不同难度和主题的英语课程或项目，根据自己的学习进度和兴趣进行学习内容的选择和深入研究。同时，利用在线学习平台和开放式教育资源，学生可以在任何时间、任何地点进行学习，根据个人的学习节奏和生活安排自由安排学习进度。

（三）教育生态系统的构建与优化

构建一个有机的教育生态系统，需要教师、学生、教育技术、社会资源等多方面的协同努力。首先，教师在教学设计中应充分考虑学生的多样性和学习需求，引导学生参与课堂互动、小组合作和个人探索，激发其学习兴趣和创造力。其次，利用先进的教育技术和在线学习平台，为学生提供多样化的学习资源和工具，支持他们灵活、个性化的学习进程。最后，社会资源的整合也是教育生态系统优化的重要环节。通过与社会实践、企业合作等方式，为学生提供实际应用场景和跨文化交流的机会，培养其语言交际能力和全球视野。

三、适应性与持续发展

在当今快速变化的社会和技术环境中，大学英语教学改革需要强调适应性和持续性，以确保教育系统能够有效应对新兴挑战和学生的多样化需求。教育生态学为我们提供了一种全面的视角，鼓励教师和学生参与到教学设计和改革的过程中，形成共同发展的教育生态系统，通过灵活调整课程内容和教学方法，推动教育质量的提升和学习效果的优化。

（一）社会和技术环境的快速变化

随着全球化和信息技术的迅猛发展，社会和技术环境不断演变，对大学英语教学提出了新的挑战和需求。传统的教学模式可能无法满足当今学生的学习需求，因此教育界需要更加灵活和适应性强的教学改革策略。社会的多样性和全球化趋势要求学生具备跨文化交流和国际视野。大学英语教学不仅注重语言技能的培养，还注重全面发展学生的跨文化沟通能力和全球意识。教育系统应当充分利用社会资源和国际交流平台，为学生提供实践机会和全球化教育体验。信息技术的广泛应用改变了学习方式和学习环境。在线学习、虚拟实验室、智能化教育工具等新技术的引入,为大学英语教学带来了新的可能性和挑战。教育生态系统需要整合这些技术资源,支持个性化学习和学习过程的自主管理,以提升学生的学习效率和成果。

(二) 强调教学改革的适应性和持续性

为了应对快速变化的社会和技术环境,大学英语教学改革需要具备高度的适应性和持续性。适应性意味着教育系统能够及时调整课程内容和教学方法,以满足学生的变化需求和社会的新要求。持续性则要求教育改革不断进步和创新,与时俱进地优化教学设计和教学实践。教育生态学提倡从整体和长远的角度思考教育改革,不仅关注当前的需求和趋势,还注重教育系统的健康发展和持续改进。例如,通过建立灵活的课程结构和模块化的学习路径,学校可以更好地响应学生的个性化需求和学习节奏,帮助他们实现自我成长和职业发展的目标。

(三) 教师和学生参与到教学设计和改革过程中

教育生态学强调教师和学生作为教育系统的核心参与者,应当积极参与到教学设计和改革的过程中。他们应当具备跨学科的教育视野和创新精神,与学生共同探索和实验新的教学方法和资源。学生则应被视为教育系统中不可或缺的一部分,其参与能够有效地激发教育活动的活力和创造力。通过学生的反馈和建议,教育者可以更好地了解学习者的真实需求和挑战,实现教育目标的最大化。

(四) 形成共同发展的教育生态系统

在这样的生态系统中,教师、学生、教育技术、社会资源等多方面的参与者共同协作,共同促进教育质量的提升和教学效果的优化。例如,通过建立教师之间的协作网络和跨学科研究团队,推动教育研究和实践创新。同时,利用社会资源和行业合作伙伴的支持,为学生提供实践机会和职业发展支持,培养其实际应用能力和社会责任感。

参考文献

[1] 丁晶. 大学英语个性化教学研究策略[J]. 海外英语, 2022(4):86-87,102.

[2] 李玮. 大学英语教学中的"学习者自主"问题研究[J]. 现代英语, 2022(4):29-32.

[3] 葛雅静. 大学英语教师专业学习共同体途径研究[J]. 校园英语, 2020(43):16-17.

[4] 朱赫今. 生态视域下大学英语教师学习共同体的构建[J]. 吉林工商学院学报, 2020,36(3):126-128.

[5] 晁千禧龙. 大学生如何培养英语自主学习能力[J]. 英语广场, 2023(36):61-64.

[6] 张景艳. 大学生英语自主学习能力的培养探析[J]. 现代英语, 2023(23):96-98.

[7] 黄琴. 个性化人才培养模式下大学英语教学策略的研究[J]. 江西电力职业技术学院学报, 2022,35(8):68-69.

[8] 赵冬勤. 大数据视域下大学英语教学模式创新探究[J]. 海外英语, 2021(3):137-138,152.

[9] 辛闻,李文斌. "互联网+"时代大学英语教学模式创新研究[J]. 现代职业教育, 2020(10):88-89.

[10] 谭倩. 翻转课堂下大学英语个性化教学探索[J]. 现代英语, 2020(21):32-34.

[11] 关续兰. "互联网+教育"视角下大学英语教学模式创新研究[J]. 课程教育研究, 2020(40):57-58.

[12] 陆勇. 互联网时代下大学英语教学模式探索[J]. 校园英语, 2020(36):44-45.

[13] 汪晓琳. 大数据驱动下的大学英语教学改革浅析[J]. 电脑知识与技术, 2020,16(20):150-151,153.

[14] 啜宁. 大数据时代大学英语的"个性化"教学探究[J]. 校园英语, 2020(4):1-2.

[15] 张亚伟.大数据背景下大学英语教学模式创新研究[J].校园英语,2019(36):83-84.

[16] 马季青.互联网+背景下大学英语教学模式探究[J].中国多媒体与网络教学学报(上旬刊),2019(7):9-10.

[17] 赵军强,张小丽.大学英语包容性教学模式分析[J].淮北师范大学学报(哲学社会科学版),2019,40(2):93-97.

[18] 赵雪影.多元互动的大学英语教学模式分析[J].明日风尚,2019(8):105.

[19] 魏萍."互联网+教育"视角下大学英语教学模式创新[J].海外英语,2019(23):124-125.

[20] 王颖.大学英语语音教学目标、内容与测评[D].重庆:西南大学,2023.

[21] 贾振霞.大学英语混合式教学中的有效教学行为研究[D].上海:上海外国语大学,2019.

[22] 王永祥,朱有义,等.主体间性教学模式视阈下的大学英语教学改革[M].苏州:苏州大学出版社,2020.

[23] 李解人.大学英语教学模式探究[M].北京:新华出版社:2020.

[24] 宣泠,龚晓斌.大学外语不断线课程体系建构研究[M].苏州:苏州大学出版社:2020.

[25] 胡萍萍.大学英语教师隐性课程及其对教学行为和决策的影响研究[M].杭州:浙江大学出版社:2019.